Thich Nhat Hanh

Quelle der Liebe

Das Buch

„So wie ein Affe von Baum zu Baum springt, so springen Menschen von einem Gefängnis sinnlicher Liebe zum nächsten." (Sutra über das Netz der sinnlichen Liebe, 9. Vers) Anhand des „Sutra über das Netz der sinnlichen Liebe", einer berühmten Lehrrede Buddhas, wendet sich Thich Nhat Hanh der Frage zu, welchen Stellenwert Liebe und Partnerschaft in unserem Leben einnehmen können. Ausgehend von einem rein körperlichen Verständnis der Liebe, eröffnet der große buddhistische Weisheitslehrer die eigentlichen Dimensionen der wahren Liebe, die geprägt ist von Güte, Mitgefühl, Freude und Gleichmut.

Der Autor

Thich Nhat Hanh, 1926–2022, war neben dem Dalai Lama der bedeutendste spirituelle Weisheitslehrer des Buddhismus im Westen. Der Mönch, Dichter, Gelehrte und Menschenrechtsaktivist wurde schon 1967 von Martin Luther King jr. für den Friedensnobelpreis vorgeschlagen. Über 100 Bücher, in Millionenauflagen erschienen, haben ihn weltweit berühmt gemacht.

Thich Nhat Hanh

Quelle der Liebe

Wie Partnerschaft dauerhaft gelingt

Aus dem Englischen übersetzt von Ursula Richard

HERDER

FREIBURG · BASEL · WIEN

Taschenbuchausgabe 2023

Titel der Originalausgabe: Fidelity.
How to Create a Loving Relationship That Lasts.
Copyright © 2011 by Unified Buddhist Church, Inc. All rights reserved.
No part of this book may be reproduced by any means, electronic or
mechanical, or by any information storage and retrieval system, without
permission in writing from the Unified Buddhist Church, Inc.

Titel der deutschen Originalausgabe:
Die Quelle der Liebe. Wie Partnerschaft dauerhaft gelingt
© Verlag Herder GmbH, Freiburg im Breisgau 2012
ISBN 978-3-451-30586-3

© Verlag Herder GmbH, Freiburg im Breisgau 2023

Alle Rechte vorbehalten
www.herder.de

Umschlaggestaltung: Verlag Herder
Umschlagmotiv: © Katsumi Murouchi / GettyImages, © tukkata /
GettyImages

Satz: Layoutsatz Kendlinger Mediendesign, Freiburg
Herstellung: GGP Media GmbH, Pößneck

Printed in Germany

ISBN 978-3-451-03408-4

INHALT

So leicht wie eine Wolke
oder zartes Wassergras,
vermag es doch,
den Ozean der Liebe zu füllen
oder leeren.

Nguyen Du, *The Tales of Kieu*

WAHRE LIEBE

In einem Raum des Tempels zum Westlichen Himmel in Hue in Vietnam finden sich zwei Holztafeln, auf denen folgende Verszeilen zu lesen sind:

Ohne weltliche Gewohnheiten,
mit den Knochen eines Unsterblichen
Das Herz des Buddha ist voller Liebe.

Dieser Vers besagt, dass der Buddha ein Liebender ist. Die Art der Liebe, die der Buddha lehrt, ist eine sehr weite, eine sehr einschließende Liebe. Dank seiner großen Liebe vermochte der Buddha, die ganze Welt zu umarmen.

Als Siddhartha ein Buddha wurde, war er weiterhin ein Mensch, der Liebe zu geben und zu empfangen hatte. Auch im Buddha waren, so wie in uns allen, die Samen sinnlichen Begehrens. Er verließ sein Zuhause mit neunundzwanzig Jahren und erlangte mit fünfunddreißig Erleuchtung. Also in noch recht jungen Jahren. Bei den meisten von uns ist in diesem Alter das sinnliche Begehren noch recht ausgeprägt. Der Buddha verfügte über genügend Liebe und ebenso über ein ausreichend großes Verantwortungsgefühl, und er war erwacht, sodass er mit seinen sexuellen Energien umzugehen vermochte. Auch uns ist das möglich.

Das bedeutet nicht, dass wir kein sinnliches Begehren spüren; das tun wir. Doch uns überwältigt dieses Gefühl nicht. Stattdessen können wir aus einem viel weiteren Gefühl der Liebe heraus handeln.

In einem gewissen Ausmaß hat die Liebe ihre Wurzeln in sinnlichem Begehren. Und in uns allen kann sinnliches Begehren zu Liebe werden. Achtsamkeitspraxis fegt sinnliches Begehren nicht fort oder lässt es aufhören. Ansonsten wären wir nicht länger Mensch. Wir praktizieren, um mit dem Begehren umgehen zu können, mit ihm zu lächeln, um frei von Begehren zu werden.

Alle Menschen tragen in sich die Samen sinnlichen Begehrens. Wenn es sich hier und da bemerkbar macht, können wir Achtsamkeit und Einsicht nutzen, um dem Begehren zuzulächeln. Dann überwältigt es uns nicht, und wir verstricken uns nicht darin.

Liebe kann uns Glück und Frieden bringen, doch das geschieht nur dann, wenn wir so lieben, dass wir uns und andere nicht damit einsperren. Wenn wir dem rechten Weg zu lieben folgen, in rechter Weise lieben, dann schaffen wir kein Leid mehr.

Darüber sprach der Buddha in der Lehrrede „Das Netz sinnlicher Liebe" (siehe S. 123 ff.). Das Wort „Liebe" hat in diesem Sutra einen etwas negativen Beigeschmack. In sinnlicher Liebe verfangen zu sein ist wie ein Fisch zu sein, der in ein Fangnetz gerät, aus dem er nicht mehr entkommen kann. Das Bild des Netzes in diesem Sutra soll den Verlust an Freiheit beschreiben, den jemand erleidet, der in sinnlichem Begehren verfangen ist.

Im Sutra über das Netz sinnlicher Liebe werden zwei Zeichen für Liebe verwendet. Das erste bedeutet nicht nur die romantische Liebe zwischen zwei Menschen, sondern auch die Liebe für die Menschheit. Dieses Zeichen meint Liebe, die nicht anhaftet, meint wahre Liebe. Das zweite Zeichen bedeutet Begierde, Begehren oder Verlangen. Tauchen beide Zeichen getrennt voneinander auf, ist es einfach, sie zu übersetzen: Auf der einen Seite ist Liebe, auf der anderen Begehren. Wenn wir sie zusammennehmen, beschreiben sie eine Liebe, die Begehren umfasst.

Auch wenn der Buddha das Sutra über das Netz sinnlicher Liebe ursprünglich Nonnen und Mönchen lehrte, ist es doch für uns alle von Bedeutung. Die Menschen fragen oft, ob es schwierig sei, als zölibatärer Mönch oder zölibatäre Nonne zu leben, doch als Ordinierte Achtsamkeit zu praktizieren ist in vielfältiger Weise einfacher, als sich als Laie darin zu üben. Sich sexueller Aktivitäten zu enthalten ist sehr viel einfacher, als eine gesunde sexuelle Beziehung zu leben. Als Ordinierte verbringen wir unsere Zeit praktizierend oder in der Natur. Wir schauen kein Fernsehen, lesen keine Liebesromane oder sehen uns Bilder in Filmen oder Zeitschriften an, die sinnliches Begehren wecken. Laien werden mittlerweile ständig mit Bildern und Musik bombardiert, die sexuelle Begierde füttern. Man braucht fortwährende Übung, um trotz all dieser Reize eine gesunde sexuelle Beziehung zu leben, in der man einander versteht und liebt.

Für uns alle ist Liebe anregend. Liebe kann unsere größte Freude sein oder – wenn sie mit Anhaftung und Begierde vermischt wird – unser größtes Leiden. Verstehen wir die Wurzeln unseres Leidens, erkennen und lernen wir, wie wir für uns selbst und für die, die wir lieben, tiefes Verstehen entwickeln können, dann vermögen wir die Entspannung, die Freude und den Frieden, die wahrer Liebe entspringen, zu genießen.

INTIMITÄT

So wie ein Affe von Baum zu Baum springt,
so springen Menschen von einem Gefängnis
sinnlicher Liebe zum nächsten.
Sutra über das Netz sinnlicher Liebe, 9. Vers

Vielleicht erkennen wir uns im Bild des Affen wieder. Wenn wir etwas nicht leiden können, das unser Partner tut, dann suchen wir uns einen neuen. Und wenn dieser sich unausweichlich auch so verhält, wie wir es nicht gut finden, gehen wir zum nächsten.

Wir alle wollen Liebe und Verstehen, doch oft verwechseln wir Liebe und Begehren. Liebe und Begehren unterscheiden sich aber. Vermischen sie sich, müssen wir sie tief betrachten, um sie einzeln in den Blick zu nehmen. Es gibt drei Arten der Intimität oder Vertrautheit: körperliche, emotionale und spirituelle. Körperliche Intimität ist von der emotionalen nicht zu trennen. Wir spüren immer auch emotionale Intimität, wenn wir Sexualität leben, selbst wenn wir behaupten, das sei nicht so. Wenn spirituelle Intimität gegenwärtig ist, dann können körperliche und emotionale Intimität gesund, heilsam und angenehm sein.

Emotionale Intimität
Jede und jeder von uns sucht emotionale Intimität oder Vertrautheit. Wir wollen miteinander in Harmo-

nie sein, wollen wirklich miteinander kommunizieren und uns verstehen. Auch wenn körperliches Begehren keine Liebe ist, so kann man doch keine körperliche Intimität ohne emotionale Nähe erleben, denn Körper und Geist sind nichts Getrenntes. Was im Körper geschieht, hat eine Wirkung auf den Geist und umgekehrt. Der Geist kann nicht ohne einen Körper existieren, der ihn umfängt, und der Körper könnte ohne den Geist gar nicht funktionieren oder sich bewegen. Es sollte für Sie kein Unterschied bestehen in Ihrer Achtung für den Körper und der Achtung für den Geist, denn Sie sind Ihr Körper. Der Körper Ihrer Geliebten ist auch ihr Geist. Sie können nicht den einen Teil achten und den anderen nicht.

Ich kenne einen Musiker, der viele Jahre lang jedes Wochenende Partys besuchte, um Musik zu hören, zu trinken und zu feiern. Am Anfang des Abends waren diese Partys noch von Freude und Offenherzigkeit erfüllt. Die Leute lächelten einander an und traten miteinander in Beziehung. Doch gegen Mitternacht war das vorbei, und die Leute wurden verschlossener. Sie waren nur noch darauf aus, jemanden zu finden, den Sie mit nach Hause nehmen konnten. Die Musik, der Alkohol und das Essen hatten die Samen sexuellen Begehrens in ihnen gewässert. Am nächsten Morgen wachten viele von ihnen neben einem für sie vollkommen Fremden auf. Sie sagten dann Tschüss und gingen ihrer Wege, ohne sich daran zu erinnern, was sie nachts im Bett mit Körper und Geist miteinander geteilt hatten. Am nächsten Wochenende wiederholte sich all das für den Musiker. Doch wie viele Partys er auch besuchte oder mit wie vielen Menschen er schlief – er konnte doch nicht die Art von Wohlbefinden erleben, nach der er so suchte, und er konnte die Leere, die er innerlich spürte, nicht füllen.

Körperliche Intimität

Jedes Lebewesen möchte in der Zukunft fortbestehen. Das gilt für Menschen wie auch für alle anderen Tiere. Sexualität und geschlechtliche Fortpflanzung sind Teil des Lebens. Sexualität kann zwei Menschen große Freude bereiten und die tiefe Bindung zwischen ihnen bereichern. Wir sollten nicht gegen Sexualität sein, doch wir sollten sie auch nicht mit Liebe verwechseln. Wahre Liebe hat nicht notwendigerweise etwas mit Sexualität zu tun. Wir können vollkommen lieben ohne Sexualität, und wir können Sex haben, ohne zu lieben.

Spirituelles Erwachen ist nicht exklusiv zölibatär lebenden Menschen vorbehalten. Es gibt Menschen, die enthaltsam leben, doch über zu wenig Achtsamkeit, Konzentration und Einsicht verfügen. Wenn

Menschen, die in intimen Beziehungen leben, Achtsamkeit, Konzentration und Einsicht haben, enthält ihre Beziehung ein Element des Heiligen. Sexuelle Intimität sollte erst dann zum Tragen kommen, wenn es eine tiefe Verbindung gibt, ein Verstehen und einen Austausch auf emotionaler und spiritueller Ebene.

Der menschliche Körper ist schön. Auch ein Baum, eine Blume, Schnee, ein Fluss und eine Weide sind schön. Wir sind von Schönheit umgeben, dazu gehören auch die Menschen und Tiere, die die Erde bevölkern. Doch wir müssen lernen, mit Schönheit umzugehen, damit wir sie nicht zerstören.

Unsere Gesellschaft ist in einer Weise organisiert, dass es so aussieht, als sei sinnliches Vergnügen das Wichtigste überhaupt. Firmen wollen ihre Produkte verkaufen. Und so machen sie Werbung und gießen die Samen des Verlangens in uns. Sie wollen, dass wir uns im Begehren nach sinnlichem Vergnügen verfangen.

Wenn wir uns allein und abgeschnitten von anderen fühlen, wenn wir leiden und der Heilung bedürfen, ist es Zeit, dass wir nach Hause zu uns selbst zurückkehren. Vielleicht brauchen wir es auch, einem anderen Menschen nahe zu sein. Doch wenn wir eine sexuelle Beziehung zu jemandem eingehen, den wir gerade erst getroffen haben, wird uns diese Beziehung nicht heilen oder wärmen. Sie wird nur eine Zerstreuung sein. Sind wir in die Falle sinnlicher Liebe geraten, verbringen wir unsere Zeit mit der Sorge, dass die andere Person uns verlassen oder betrügen wird.

Einsamkeit kann nicht durch sexuelle Aktivität aufgelöst werden. Sie werden sich nicht selbst heilen können, indem Sie Sex haben. Sie müssen lernen, wie Sie sich mit sich selbst wohl fühlen können, wie Sie sich selbst ein Zuhause bereiten können. Sobald Sie einen spirituellen Pfad gehen, haben Sie ein Zuhause. Sobald Sie mit Ihren Emotionen und den Schwierigkeiten des täglichen Lebens umgehen können, haben Sie einem anderen Menschen etwas anzubieten. Und der andere Mensch muss das Gleiche tun. Beide müssen für sich Heilung finden, damit sie sich wohl mit sich fühlen, dann können sie auch füreinander ein Zuhause werden. Sonst ist all das, was wir in körperlicher Intimität miteinander teilen, nur unsere Einsamkeit und unser Leiden.

Spirituelle Intimität

Spiritualität bedeutet nicht: der Glaube an eine bestimmte spirituelle Lehre. Jeder braucht in seinem Leben eine spirituelle Dimension. Ohne eine solche können wir mit den Schwierigkeiten, denen wir täglich begegnen, nicht umgehen. Achtsamkeit vermag ein wichtiger Aspekt Ihres spirituellen Weges sein, ob Sie nun ein religiös praktizierender Mensch sind oder nicht.

Ihre spirituelle Praxis kann Ihnen helfen, mit Ihren starken Emotionen umzugehen. Sie wird Ihnen helfen, Ihr eigenes Leiden zu hören und es zu umarmen, ebenso wie das Leiden Ihres Partners, Ihrer Partnerin und anderer Ihnen Nahestehenden zu erkennen und zu umarmen. Spirituelle Intimität mit Ihrem Partner schafft auch mehr emotionale Intimität, und Ihre körperliche Intimität wird so erfüllender. Die drei Arten der Intimität sind miteinander verbunden.

DIE WURZELN
DES BEGEHRENS

Von Anhaftung geblendet, verfallen wir früher
oder später der sinnlichen Liebe. Ängste und Sorgen
steigen Tag für Tag an, so wie Wasser einen Teich
Tropfen für Tropfen füllt.

Das Sutra über das Netz sinnlicher Liebe, 3. Vers

Kultivieren wir weiterhin sinnliche Liebe, so werden wir unweigerlich bei sexuellem Verlangen und Begehren landen. Wir sollten sinnliche Liebe nicht unterschätzen, sondern ihr von Beginn an, wenn sie sich zeigt, Aufmerksamkeit schenken.

Jeder Mensch möchte lieben und geliebt werden. Das ist ganz natürlich. Doch oft werden Liebe, Begehren, Brauchen und Angst einfach zusammengepackt. Es gibt so viele Lieder mit den Worten: „Ich liebe dich, ich brauche dich." Sie beinhalten, dass Lieben und Begehren das Gleiche sind und dass die andere Person nur dazu da ist, unsere Bedürfnisse zu befriedigen. Vielleicht meinen wir sogar, ohne den anderen gar nicht leben zu können. Wir glauben, in der Sprache der Liebe zu sprechen, wenn wir sagen: „Liebling, ich kann ohne dich nicht leben. Ich brauche dich." Wir meinen dies sogar als Kompliment. Doch dieses Brauchen ist tatsächlich nur eine Fortsetzung unserer ursprünglichen Angst und unseres ursprünglichen Begehrens, das uns seit unserer frühsten Kindheit begleitet.

Als Säuglinge waren wir hilflos. Wir hatten Arme und Beine, doch wir konnten sie nicht einsetzen, um irgendwohin zu gelangen. Wir konnten nur sehr wenig selbständig tun. Wir kamen von einem sehr warmen, feuchten, bequemen Ort im Bauch zu einem kalten, harten Ort und in gleißendes Licht. Um zum ersten Mal einzuatmen mussten wir zunächst einmal Lungenflüssigkeit ausspucken. Es war ein gefährlicher Moment.

Unser ursprüngliches Begehren ist das Begehren, zu überleben. Und unsere ursprüngliche Angst ist, dass sich niemand um uns kümmert. Noch bevor wir sprechen oder Sprache verstehen konnten, wussten wir, das Geräusch sich nähernder Schritte bedeutete, dass sich jemand um uns kümmern und uns füttern würde. Das machte uns glücklich, wir brauchten diesen Menschen wirklich.

Als Neugeborene konnten wir den Geruch unserer Mutter oder des Menschen, der für uns Sorge trug, erkennen. Wir erkannten den Klang ihrer Stimme. Wir liebten diesen Geruch und diesen Klang. Das ist die erste, ursprüngliche Liebe, geboren aus unserer Bedürftigkeit; das ist vollkommen natürlich.

Wenn wir heranwachsen und uns nach einem Partner, einer Partnerin umzuschauen beginnen, ist in vielen von uns das ursprüngliche Begehren oder Verlangen, zu überleben, noch immer gegenwärtig. Wir glauben, dass wir ohne einen anderen nicht überleben können. Wir schauen vielleicht nach einem Partner, einer Partnerin, doch das Kind in uns sucht nach dem Gefühl der Sicherheit und des Wohlbefindens, das wir empfanden, als unsere Eltern oder andere zentrale Bezugspersonen sich näherten.

Als kleines Kind war für uns der Geruch unserer Mutter der wundervollste Geruch der Welt, denn wir brauchten sie. In Asien ist die Nase beim Küssen wichtiger als der Mund. Die Menschen erkennen und genießen den Geruch des anderen.

Wir fühlen uns vielleicht in einer Beziehung ganz entspannt und denken: „Jetzt ist alles in Ordnung, denn ich habe jemanden, der mich liebt und mich unterstützt", doch das Kind in uns sagt: „Jetzt kann ich entspannen, denn meine Bezugsperson ist da." Das Gefühl der Freude rührt nicht einfach von der Wertschätzung der Gegenwart der anderen Person her. Stattdessen sind wir glücklich und in Frieden, weil wir uns mit dieser Person sicher und wohl fühlen. Später, wenn unsere Beziehung dann schwierig geworden ist, sind wir nicht mehr so entspannt, und auch unser Glück hat sich verflüchtigt.

Angst und Begehren gehören zusammen. Aus unserer ursprünglichen Angst heraus erwächst das Begehren oder Verlangen nach dem Menschen, durch den wir uns wohl und sicher fühlen. Ein kleines Kind fühlt: „Ich bin hilflos; ich habe nichts, um für mich selbst sorgen zu können. Ich bin verletzlich. Ich brauche jemanden, sonst werde ich sterben." Solche Gefühle werden unsere Entscheidungen als Erwachsene so lange bestimmen, bis wir sie erkennen, uns um sie kümmern und sie loslassen. Fühlen wir uns als Erwachsene weiterhin unsicher und ungeschützt, ist das die Fortsetzung der ursprünglichen Angst, die wir noch nicht erkannt und verstanden haben.

Hört das Begehren auf, gibt es keine Angst mehr. Wir sind dann wirklich frei, friedvoll und glücklich. Hat der Praktizierende keine Begierden mehr noch irgendwelche geistigen Gebilde, hat er sich selbst aus der Hölle befreit.
Das Sutra über das Netz sinnlicher Liebe, 30. Vers

Wenn Sie Angst haben, können Sie nicht glücklich sein. Laufen Sie dem Objekt Ihres Begehrens immer noch nach, dann haben Sie immer noch Angst. Angst und Verlangen gehören zusammen. Wenn Sie das Verlangen beenden, wird die Angst ganz natürlich verschwinden, und dann sind Sie frei.

Manchmal sind Sie ängstlich, wissen aber nicht, warum. Der Buddha sagt, der Grund dafür liege darin, weil Sie noch immer begehren. Wenn Sie damit aufhören, dem Objekt Ihres Verlangens nachzulaufen, werden Sie keine Angst mehr haben. Ohne Angst können Sie friedvoll und frei sein, werden nicht mehr davon getrieben, versinken nicht mehr darin und sind nicht mehr von äußeren Bedingungen abhängig, um Frieden in Körper und Geist zu empfinden. Mit einem friedvollen Körper und Geist sind Sie nicht länger voller Sorgen und werden weniger Unfälle erleben. Lassen Sie dieses Verlangen los, sind Sie frei.

Eines der größten Geschenke, die wir anderen Menschen machen können, ist, Nicht-Angst und Nicht-Anhaftung zu verkörpern. Diese wahre Lehre ist kostbarer als Geld oder materielle Güter. Viele von uns haben so viele Ängste, und diese Ängste zerstören unser Leben, und wir fühlen uns schlecht. Wir hängen an Dingen und an Menschen, wie ein Ertrinkender sich an einem schwimmenden Stück Holz festklammert. Praktizieren wir Nicht-Anhaftung und teilen diese Weisheit mit anderen, geben wir das Geschenk der Nicht-Angst. Alles ist unbeständig. Dieser Moment vergeht. Dieser Mensch geht weg. Und doch ist Glück möglich.

Wenn wir jemanden lieben, sollten wir die Natur dieser Liebe tief betrachten. Wahre Liebe enthält kein Leiden, keine Anhaftung. Sie bringt uns und anderen Wohlergehen. Wahre Liebe entsteht innen. Mit wahrer Liebe fühlen Sie sich selbst ganz vollständig, Sie brauchen niemanden von außen. Wahre Liebe ist wie die Sonne, die allem ihr eigenes Licht anbietet.

Begierde

Die Wurzeln sinnlicher Liebe sind tief und fest.
Der Baum mag gefällt sein, doch die Äste und Blätter
schlagen erneut aus.
    Das Sutra über das Netz sinnlicher Liebe, 8. Vers

Mein liebes sinnliches Begehren, ich kennen deine Quelle.
Der begehrende Geist resultiert aus Lust und falschen
Wahrnehmungen.
    Das Sutra über das Netz sinnlicher Liebe, 31. Vers

Im 31. Vers des Sutra nennt der Buddha unser Begehren bei seinem wahren Namen: Begierde. Obwohl wir Liebe und Heilung wollen, folgen wir immer noch unserer sinnlichen Begierde. Warum? Die Begierde schafft Knoten in den tieferen Teilen unseres Geistes. Diese inneren Knoten treiben uns an. Manchmal wollen wir uns gar nicht in einer bestimmten Weise bewegen, sprechen oder handeln. Doch etwas, ganz tief in uns, treibt uns dazu, so zu sprechen oder zu handeln. Danach fühlen wir uns beschämt. Dieser innere Knoten treibt uns um und bewegt uns, Dinge auch gegen unseren Willen zu tun oder zu sagen. Und haben wir sie getan, ist es zu spät, dann bedauern wir das sehr. Wir sagen uns: „Wie konnte ich das nur sagen oder tun?" Doch es ist bereits geschehen. Die Wurzel dieser Begierde ist unsere Gewohnheitsenergie. Wenn wir sie tief betrachten, beginnen wir damit, den Knoten zu lösen.

Gewohnheitsenergie

Der Geist sinnlicher Liebe ist wie ein Wasserstrom, der dem Verlauf der Gewohnheitsenergie und des Stolzes folgt. Unsere Gedanken und Wahrnehmungen werden von der Farbe sinnlicher Liebe befleckt; wir verbergen die Wahrheit vor uns selbst und können sie nicht sehen.

Das Sutra über das Netz sinnlicher Liebe, 10. Vers

Gewohnheitsenergien sind in uns in Form der Samen, die uns von unseren Vorfahren, unseren Großeltern und unseren Eltern übermittelt wurden, ebenso in Form der Samen, die durch selbst erfahrene Probleme und Schwierigkeiten entstanden sind. Oft sind wir uns dieser in uns wirkenden Energien gar nicht bewusst. Wir wollen in einer zugewandten Beziehung leben, doch unsere Gewohnheitsenergien färben unsere Wahrnehmungen und prägen unser Verhalten. Dadurch wird unser Leben schwierig.

Durch Achtsamkeit können wir uns der Gewohnheitsenergien, die an uns weitergegeben wurden, bewusst werden. Wir erkennen vielleicht, dass unsere Eltern oder Großeltern in ähnlicher Weise schwach waren, wie wir es sind. Wir können uns ohne jedes Urteil bewusst werden, dass unsere negativen Gewohnheiten diesen verwandtschaftlichen Wurzeln entsprungen sind. Wir können unseren Unzulänglichkeiten, unserer Gewohnheitsenergie zulächeln.

Haben wir in der Vergangenheit bemerkt, dass wir etwas ungewollt getan haben, was uns vielleicht vererbt wurde, haben wir unserem individuellen, vereinzelten Ich die Schuld gegeben. Gewahrsein lässt uns erkennen, dass unsere Handlungen tiefere Wurzeln haben und dass wir diese Gewohnheitsenergien transformieren können.

Mit der Achtsamkeitspraxis erkennen wir die gewohnheitsmäßige Energie unseres Begehrens. Achtsamkeit und Konzentration helfen uns, zu schauen und die Wurzeln unseres Handelns zu entdecken. Unser Handeln mag durch etwas inspiriert gewesen sein, was gestern geschehen ist, oder durch etwas, das vor dreihundert Jahren geschah, seine Wurzeln also in einem unserer Vorfahren hat.

Wenn wir einer Provokation mit einem Lächeln begegnen können oder unsere sexuelle Energie auf etwas Positives zu richten vermögen, können wir dieser Fähigkeit gewahr werden, sie wertschätzen und unseren Weg in dieser Weise fortsetzen. Der Schlüssel ist das Gewahrsein für unsere Handlungen. Unsere Achtsamkeit wird uns verstehen lassen, woher unsere Handlungen kommen.

Sind wir noch nicht imstande, diese Gewohnheitsenergie zu transformieren, werden wir aus dem Gefängnis der einen Beziehung nur in das der nächsten geraten. Im Allgemeinen ist es so, dass wir bei leidvollen Problemen mit unserem Partner oder unserer Ehefrau schnell meinen, wir müssten uns trennen oder scheiden lassen. Sind wir nicht mehr mit der anderen Person zusammen, dann, so glauben wir, werden wir endlich frei sein. Wir meinen, der andere Mensch sei die Ursache unseres Leidens. Doch auch wenn wir uns nach der Scheidung oder Trennung vielleicht freier fühlen mögen, verstricken wir uns meist rasch wieder in eine neue Beziehung. Wir mögen an dieser neuen Person hängen, doch am Ende verhalten wir uns so wie bei der letzten. Wir sind die Opfer unserer eigenen Gewohnheiten. Unsere Art, zu denken, zu sprechen und zu handeln, hat sich nicht verändert. So wie wir uns der ersten Person gegenüber verhalten haben und worunter diese zu leiden hatte, so verhalten wir uns nun erneut und schaffen auf diese Weise eine zweite Hölle.

Doch sind wir unserer Handlungen gewahr, können wir uns entscheiden, ob sie förderlich sind oder nicht, und sind sie es nicht, können wir uns entschließen, sie nicht zu wiederholen. Sind uns unsere Gewohnheitsenergien klarer und denken, sprechen und handeln wir bewusster, können wir nicht nur uns grundlegend verändern, sondern auch unsere Vorfahren, welche diese Samen gepflanzt haben. Wenn wir dazu in der Lage sind, bedeutet dies, dass auch unsere Vorfahren imstande sind, bei Angriffen zu lächeln. Schafft es eine Person, bei einer Provokation ruhig zu bleiben und zu lächeln, dann hat die ganze Welt eine größere Chance, in Frieden zu sein.

Komplexe

Stolz geht mit Gewohnheitsenergien einher. Er ist oft mit einem Gefühl sexuellen Selbstwerts verbunden. Findet uns jemand attraktiv, haben wir den Eindruck, dass unser Stolz befriedigt ist. Wir spüren, dass wir einen Wert haben, dass wir anziehend sind sowie über einige gute Eigenschaften verfügen und die andere Person deshalb so an uns hängt. Wir wollen mit jemandem zusammen sein als Beweis dafür, dass wir begabt und schön sind. Sind wir allein, meinen wir, dies sei der Beweis dafür, dass wir nicht interessant oder hübsch genug seien, und deshalb leiden wir.

Wir vergleichen uns ständig mit anderen. Unsere Gedanken werden durch die Bilder, von denen wir fortwährend umgeben sind, sowie unseren oberflächlichen Blick auf andere verstärkt. Wir glauben, wir seien besser oder schlechter als jemand anderes, oder wir sind damit beschäftigt, ihm ebenbürtig zu werden. Diese drei Komplexe – besser als jemand anderes zu sein oder schlechter oder ihm gleich – sind ganz eng mit unserer sexuellen Energie verbunden.

Das Festhalten an unserer Vorstellung eines abgetrennten Ich ist der Ursprung all unserer Komplexe. Wir sehen uns selbst als vereinzelte Individuen, und deshalb vergleichen wir uns mit anderen, um zu sehen, ob wir besser, schlechter oder ihnen gleich sind. Doch schauen wir tief genug, erkennen wir, dass es da kein Ich, kein Selbst gibt, mit dem wir uns vergleichen müssten. Unser dualistisches Denken ist die Grundlage für unser Haften und Verlangen.

Wir haben zwei Hände und nennen sie rechte Hand und linke Hand. Haben Sie jemals erlebt, dass die beiden Hände miteinander gekämpft hätten? Ich habe so etwas nie gesehen. Jedes Mal, wenn sich meine linke Hand verletzt hat, konnte ich bemerken, dass sich die rechte ganz natürlich um sie gekümmert hat. Es muss im Körper also so etwas wie Liebe geben. Manchmal helfen die Hände einander, manchmal handeln sie auch einzeln, aber nie bekämpfen sie sich.

Meine rechte Hand lädt die Glocke ein, schreibt Bücher, kalligraphiert und schenkt Tee ein. Doch meine rechte Hand schaut nicht auf die linke herab und sagt: „Oh, linke Hand, du bist ja zu gar nichts gut. Alle Gedichte habe ich geschrieben. Alle Kalligraphien, ob auf Deutsch, Französisch oder Englisch – sie sind von mir. Du bist vollkommen nutzlos. Bist für nichts gut." Die rechte Hand hat nie unter Stolz gelitten. Die linke nie unter dem Gefühl der Wertlosigkeit. Es ist wunderbar. Hat die rechte Hand ein Problem, ist die linke sofort da. Die rechte Hand würde nie sagen: „Das musst du wiedergutmachen. Immer bin ich da, um dir zu helfen. Du stehst in meiner Schuld."

Im Sutra geht es um den Strom des Verlangens, der mit dem Strom unserer Komplexe Seit an Seit fließt. Wir wollen beweisen, dass wir jemand sind, dass wir einen Wert haben, und so suchen wir uns jemanden, der uns das bestätigt, und auf diese Weise ziehen wir andere in das Leiden mit hinein, das durch Anhaftung entsteht. Das ist sehr schade. Können wir erkennen, dass unser Partner, unsere Partnerin nicht getrennt von uns ist, weder besser ist als wir noch schlechter oder uns gleich, dann verfügen wir über die Weisheit der Nicht-Unterscheidung, der unvoreingenommenen Offenheit. Wir sehen im Glück der anderen unser eigenes Glück, in ihrem Leiden unser Leiden.

Betrachten Sie Ihre Hand. Die Finger sind wie fünf Brüder und Schwestern einer Familie. Angenommen wir sind eine fünfköpfige Familie. Erinnern wir uns daran, dass wir alle leiden, wenn auch nur ein Familienmitglied leidet, dann haben wir die Weisheit der Nicht-Unterscheidung. Ist der andere glücklich, sind auch wir glücklich.

Nur wenige Menschen wissen, Liebe und romantische Beziehungen aus der Sicht von Unbeständigkeit und Nicht-Ich zu betrachten. Erkennen und realisieren wir Nicht-Ich, können wir uns in den Menschen, die wir lieben, sehen und sie sich in uns. Erreichen wir diesen Punkt, werden wir gesund, es wird uns leicht ums Herz und wir sind glücklich. Setzen wir den geliebten Menschen herab oder lobpreisen wir ihn, so setzen wir uns herab oder loben uns. Nicht-Ich ist eine Einsicht, die uns helfen kann, das Problem sexuellen Begehrens zu lösen. Statt Liebe zu verleugnen, können wir Liebe im Licht der Einsicht in Nicht-Ich betrachten.

Zu lieben bedeutet im wahrsten Sinne des Wortes, keinen Unterschied zu empfinden. Wir sollten das Element des Gleichmuts haben, dann können wir ohne Begrenzungen lieben. Gleichmut bedeutet, die drei Komplexe – besser, schlechter oder gleich zu sein – sind nicht da. Wir unterscheiden nicht länger in dieser Weise. Wir sind in der Lage, alles zu umarmen, und wir leiden nicht mehr. Gibt es Liebe ohne Unterscheidung, dann ist kein Leiden mehr da.

Begierde loslassen

Der Geistesstrom fließt weiter frei, und die Knoten sinnlicher Liebe können sich entfalten und verhaken. Nur echte Einsicht vermag diese Wirklichkeit klar zu erkennen und uns zu helfen, deren Wurzeln in unserem Geist zu durchtrennen.

Sutra über das Netz sinnlicher Liebe, 11. Vers

Einige Zeit nach seiner Erleuchtung kehrte der Buddha in sein Heimatland zurück. Dort sah er, dass die politische Situation sehr schwierig war. Sein Vater war bereits gestorben, und die politische Führung des Landes war in großen Teilen korrupt. Mara, die Verkörperung der Begierde, erschien und sagte: „Buddha, du bist der weltbeste Politiker. Wenn du dich dafür entscheidest, König zu werden, kannst du die Lage in deinem Heimatland entscheidend verbessern und du kannst die Welt retten." Der Buddha sagte: „Mara, mein alter Freund, es sind viele Bedingungen nötig, damit sich die Situation ändern kann, es geht nicht nur darum, wer König ist. Ich habe dieses Königreich vor sieben Jahren verlassen, um zu praktizieren. Seit dieser Zeit habe ich so viele Dinge entdeckt; ich kann zahllosen Menschen helfen, viel mehr, als ich helfen könnte, wäre ich König geworden."

Dieses drängende Verlangen in jedem von uns ist Mara. Der Mara in uns sagt: „Du bist gut, du bist der Beste, die Beste." Doch wenn Mara solche Dinge sagt, müssen wir erkennen, dass sie von Mara stammen. „Ich kenne dich, du bist mein Mara." Jeder von uns hat viele Maras in sich. Sie kommen und reden mit uns. Sobald wir diese negative Energie erkennen, können wir sagen: „Mein lieber Mara, ich weiß, dass du da bist. Du kannst mich nicht mit dir zerren."

Steigt sinnliches Begehren in Ihnen auf, können Sie sagen: „Meine teure sinnliche Liebe. Ich kenne deine Wurzel. Du kommst aus dem Begehren, das in meinen falschen Wahrnehmungen gründet. Doch nun habe ich dieses Verlangen nicht, und du kannst mich nicht berühren. Selbst wenn du da bist, kannst du mich nicht mit dir zerren. Ich habe keine Wünsche mehr und ich habe keine falschen Wahrnehmungen mehr in Bezug auf dich. Wie kannst du da entstehen?"

Sie sind jetzt wie der Fisch, der bereits weiß, dass der Haken im Köder ist. Sie wissen, dass der Köder keine nährende Quelle ist, und Sie verfangen sich nicht mehr darin. Ihre Wahrnehmung ist klar. Sie sind erwacht und Sie können nicht mehr von diesem oder jenem hin- und hergezerrt werden.

Wenn wir unsere Komplexe loslassen und unsere Gewohnheitsenergie eingehend und tief betrachten, verschwindet unser Verlangen. Wir können die fordernde Energie, den uns antreibenden Knoten in die Schranken weisen. Wir tauchen aus dem Abgrund auf. Tief schauend, verstehen wir besser. Wir können alle unsere inneren Knoten lösen und dann sind wir frei.

EINSAMKEIT UND LEIDEN VERWANDELN

Jeder von uns hat den innigen Wunsch, die Welt zu kennen und zu verstehen und umgekehrt erkannt und verstanden zu werden. Das ist ein tiefer natürlicher Durst. Doch häufig bringt uns dieser Durst dazu, auf etwas außerhalb unserer selbst zu warten.

Oft haben wir uns keine Zeit dafür genommen, zunächst uns selbst zu verstehen, bevor wir ein Objekt für unsere Liebe gefunden haben. Oder wir warten weiterhin auf etwas, was uns das Gefühl der Erfüllung schenkt. Das ist einer der Gründe, warum wir Menschen in den industrialisierten Ländern ständig telefonieren oder unsere E-Mails checken.

Wir alle fühlen uns zeitweilig einsam und innerlich leer. Und wir versuchen dann, dieses Vakuum zu füllen, indem wir zu viel essen oder Alkohol zu uns nehmen oder uns sexuell betätigen. Doch während wir uns noch an diesen Dingen erfreuen, währt das Gefühl der Leere nicht nur fort, sondern vertieft sich sogar noch. Wir können dieses Gefühl der Einsamkeit nur dann transformieren, wenn wir uns selbst und die, die wir lieben, wahrhaft verstehen.

Selbst wenn zwei Menschen ein Kind zusammen haben, sind sie noch getrennt. Jeder von uns verbleibt in Isolation. Dieses Gefühl der Vereinzelung können wir nicht dadurch auflösen, dass wir zusammen leben oder eine sexuelle Beziehung haben, noch nicht einmal durch ein gemeinsames Kind. Unsere wechselseitige Vereinzelung können wir nur auflösen, wenn wir Achtsamkeit praktizieren und imstande sind, wahrhaft uns und einander als unser Zuhause anzusehen.

Aufmerksamkeit

Werden wir zu Gefangenen sinnlicher Liebe, sind wir
wie eine Seidenraupe, die ihren eigenen Kokon webt.
Die Weisen sind imstande, die zu Begehren führenden
Wahrnehmungen zu durchschneiden und loszulassen.
An den Objekten sinnlicher Liebe nicht interessiert,
vermeiden sie alles Leiden.

Sutra über das Netz sinnlicher Liebe, 17. Vers

Im Sutra wird das Bild einer Seidenraupe verwendet, die sich mit einem Kokon umgibt, damit sie schlafen kann. Die Seidenraupe schafft sich ihren eigenen Kokon. Auch wir tun das, indem wir auswählen, auf was wir unsere Aufmerksamkeit richten. Es gibt verschiedene Arten der Aufmerksamkeit. Da gibt es zunächst die, die uns hilft; sie ist am Werk, wenn wir unserem Atem Aufmerksamkeit schenken oder dem Klang der Glocke. Sie wird angemessene Aufmerksamkeit genannt. Das Objekt unserer Aufmerksamkeit bestimmt, ob wir voller Frieden sind oder nicht. Sind wir uns des Glockenklangs bewusst, beruhigt sich unser Geist ganz von selbst.

Gefühle können angenehm oder unangenehm sein. Sehen wir eine Form oder hören wir einen Klang, erkennen wir das, und wir entwickeln diesbezüglich ein Gefühl und eine Wahrnehmung. Unser Gefühl führt zu einer Wahrnehmung. Die Wahrnehmung folgt und gehört zu einem Gefühl. Wir halten etwas für hässlich oder schön, angenehm oder unangenehm. Eine angenehme Empfindung bedeutet ein angenehmes Gefühl; eine unangenehme Empfindung beinhaltet ein leidvolles Gefühl.

Unsere Wahrnehmungen sind oft nicht korrekt. Wir kommen mit einem Objekt in Kontakt und meinen, dass es Liebe, Glück, ein Selbst oder Reinheit verkörpere. Wir neigen zu dem Glauben, Liebe sei etwas Gefühlvolles, das unsere innere Leere füllen könne. Wir machen eine andere Person oder Gruppe oder einfach Pech für unser Leiden verantwortlich, doch äußere Bedingungen sind nicht der Grund dafür, dass es auftaucht. Unser Leiden war bereits da.

Die Geburt eines menschlichen Wesens ist kein Anfang, sondern eine Fortführung. Wenn wir geboren werden, sind bereits alle möglichen Arten von Samen – Samen der Gutheit, der Grausamkeit, des Erwachens – in uns. Ob sich die Gutheit oder die Grausamkeit in uns zeigt, hängt davon ab, welche Samen wir durch unser Tun und unsere Lebensweise kultivieren. Es gibt wirklich schmerzhafte Gefühle, starke Emotionen oder Wahrnehmungen, die uns in Unruhe versetzen oder uns ängstigen. Mit der Energie der Achtsamkeit können wir Zeit mit diesen schwierigen Gefühlen verbringen, ohne vor ihnen davonzulaufen. Wir können sie umarmen, wie man als Mutter oder Vater das eigene Kind umarmt, und zu ihnen sagen: „Liebes, ich bin für dich da, ich bin zurückgekommen und werde mich um dich kümmern." Auf diese Weise kümmern wir uns um unsere Emotionen, Gefühle und Wahrnehmungen.

Äußeres Erscheinen

Unser Geist ist zerstreut; wir neigen dazu, das Objekt sinnlicher Liebe für etwas Reines zu halten, und wissen nicht, dass diese wachsende Anhaftung alle Freiheit vertreiben und viel Leid bringen wird.

Sutra über das Netz sinnlicher Liebe, 18. Vers

Achtsame Menschen sind fähig, die unreine Natur des Objekts ihrer sinnlichen Liebe zu erkennen. Von daher können sie ihre Begierden loslassen, dem Kerker entkommen und dem Unglück von Alter und Tod entgehen.

Sutra über das Netz sinnlicher Liebe, 19. Vers

Wir legen in unserer Kultur großen Wert auf das äußere Erscheinungsbild. Unser Anhaften an körperliche Schönheit ist etwas, das wir loslassen müssen; obwohl es so aussieht, als würden die meisten Menschen dem nachjagen. Das lässt sich in allen großen Städten der Welt klar erkennen. Kosmetikläden wachsen wie Pilze aus dem Boden, voller Produkte, die uns versprechen, uns schön und schick zu machen. Die Menschen gehen zu Ärzten, um ihre Körper oder Gesichter verändern zu lassen. Sie vertrauen auf Messer oder auf die Chemie, um Teile ihres Körpers zu optimieren, weil sie die Vorstellung haben, dadurch attraktiver zu werden.

Sehen wir ein Bild und lassen uns von ihm verführen, geschieht dies, weil wir nicht wissen, wie wir über Unbeständigkeit kontemplieren sollen. Unwissenderweise nehmen wir an, dass Form schön und heilsam sei. Wir wissen nicht, dass äußere Erscheinung nichts Wirkliches und Langandauerndes enthält.
Sutra über das Netz sinnlicher Liebe, 16. Vers

Alle wollen ansprechender aussehen, doch nichts an unserer Erscheinung ist bleibend oder authentisch. Dennoch lassen wir uns von unserem eigenen Spiegelbild und der äußeren Erscheinung anderer verführen.

Eines, was wir ganz sicher wissen, ist, dass unsere Erscheinung, unsere körperliche Form, sich verändern wird, es bringt also nichts, daran zu hängen. Es gibt Hunderte von Zeitschriften und Websites, die uns sagen, dass wir so oder so aussehen müssten, um Erfolg zu haben, und dass wir deshalb dieses oder jenes Produkt verwenden müssten. Viele Leute leiden sehr, weil sie ihren Körper nicht akzeptieren können. Sie wollen anders aussehen.

Den Körper zu akzeptieren ist ganz entscheidend für den eigenen Frieden, die eigene Freiheit. Jeder Mensch ist als eine Blume im Garten der Menschheit geboren. Und Blumen unterscheiden sich voneinander. Wenn Sie Ihren Körper und Ihren Geist nicht zu akzeptieren vermögen, können Sie auch kein Zuhause für sich sein. Viele junge Leute akzeptieren nicht, wer sie sind, und doch wollen sie, dass jemand anderes bei ihnen heimisch wird. Doch wie soll das möglich sein, wenn sie sich selbst das nicht geben können?

In einer Kalligraphie habe ich geschrieben: „Sei schön, sei du selbst." Das ist eine sehr wichtige Praxis. Wenn Sie sich darin üben, sich selbst ein Zuhause zu sein, werden Sie immer schöner. Sie strahlen Ihren inneren Frieden, Ihre Wärme und Freude aus.

*Erfährt unser Geist Vergnügen, so entstehen die fünf
Begierden. Der wahre Held setzt diesen Begierden rasch
ein Ende.*

Sutra über das Netz sinnlicher Liebe, 29. Vers

Ist etwas angenehm, lieblich und anziehend, nimmt
uns das gefangen. Doch ein anziehendes Äußeres ist
trügerisch. Sobald wir den Köder geschluckt haben,
leiden wir.

Der Buddha sprach einmal von einem sehr dursti-
gen Menschen, der ein Glas frisches Wasser sieht. Er
glaubt nun, dass dieses Wasser seinen Durst löschen
wird. Als er näher hinsieht, entdeckt er ein Schild, auf
dem steht, dass das Wasser vergiftet ist und jeder sterben wird, der davon trinkt. Doch das Wasser sieht so
sauber, frisch und reizvoll aus. Ein weiser Mensch
würde sagen: „Ich trinke dieses Wasser besser nicht.
Ich finde etwas anderes, das meinen Durst löscht."
Doch vielen von uns erscheint das Wasser so ansprechend, dass wir sagen: „Ich werde es trinken. Und
wenn ich sterbe, sterbe ich wenigstens befriedigt."

Wir verfügen über Weisheit, über Verstehen. Wir
wissen, dass wir sterben werden, wenn wir das vergif-
tete Wasser trinken. Doch wir trinken es trotzdem.
Viele von uns sind so; wir sind bereit, für etwas zu
sterben, das auf den ersten Blick sehr ansprechend er-

scheint. Und das, obwohl es so viele Quellen gibt, um unseren Durst zu löschen, ohne dass wir uns dafür in Gefahr bringen müssten.

Der Buddha gab noch ein anderes Beispiel, das dies illustriert: Ein Fisch sieht in dem Teich, in dem er lebt, einen anziehenden Köder, doch als er gerade zuschnappen will, sagt ein anderer Fisch: „Tu das nicht! Da ist ein Haken drin, in dem du dich verfangen wirst. Ich weiß das, weil es mir so gegangen ist." Doch der andere Fisch ist jung, unerfahren und voller Energie. Er sagt: „Nein, das sieht so lecker aus, ich will das jetzt essen. Und ich werde es überleben, so wie du auch." Das Verlangen, die Begierde, ist so groß. Wir sind bereit, dafür Risiken einzugehen. Viele Leute sagen: „Ich möchte mich gut fühlen. Dafür übernehme ich die Verantwortung, egal, wie die Konsequenzen aussehen mögen." Doch während es einige Momente lang angenehm sein mag, den Köder zu schnappen, wird sich das Leiden schon bald einstellen.

Leiden

Sinnliche Liebe bereitet uns Leid und bindet uns an das weltliche Leben. Sorgen und Unglück, verursacht von sinnlicher Liebe, entwickeln sich Tag und Nacht wie sich ausbreitendes Gras mit starken Wurzeln.

Sutra über das Netz sinnlicher Liebe, 2. Vers

Das in diesem Vers erwähnte Gras wird als Stroh für Dächer verwendet. Im Pali-Text wird es *dirana* genannt. Seine Wurzeln sind ganz dicht und verwoben, doch seine Triebe sehen süß aus, und die Leute wollen nur sie pflücken. Aber unter der Erde wächst es sehr schnell, und die Wurzeln verflechten sich immer mehr. Wenn wir dieses Gras wässern und nur die Triebe nehmen, so wächst es in dieser Dichte weiter. Wir müssen die Wurzeln vollständig ausgraben, damit das Unkraut nicht erneut nachwachsen kann.

Die meisten von uns haben vom Leiden sexueller Begierde gekostet. Wir fühlen uns in unserer Beziehung festgefahren, ebenso in unserem Beruf, und wir glauben, wir würden freier sein, wenn wir unser sinnliches Verlangen befriedigten. Doch genau dieses Verlangen verursacht unsere Sorgen und Missgeschicke. Diese sind immer dann gegenwärtig, wenn wir von sinnlicher Liebe beherrscht werden. Selbst Geld und Macht werden uns da nicht beschützen können.

Die meisten von uns versuchen immer wieder, vor ihrem eigenen Leiden davonzulaufen. Wir wollen unser Leiden zudecken und reagieren auf unsere Gefühle der Leere mit Konsum. Wir konsumieren Nahrung, Musik oder Sex. Manchmal fahren wir einfach in der Gegend herum, oder wir telefonieren, um unser Leiden zu vergessen. Auf dem Marktplatz gibt es viele

Möglichkeiten, vor uns selbst davonzulaufen. Doch Davonlaufen hilft nicht.

Es braucht Mut, zu erkennen, was nicht funktioniert, und dem inneren Leiden zu lauschen. Wir können die Achtsamkeitsenergie nutzen, die wir durch unser bewusstes Atmen und Gehen schaffen, um die Stärke und den Mut zu entwickeln, zu uns zurückzukehren, unser inneres Leiden zu erkennen und es sanft zu umarmen. Wir können unserem Leiden in tiefer Weise zuhören und ihm antworten, indem wir sagen: „Mein Leiden, ich weiß, dass du da bist. Ich bin nach Hause gekommen und werde mich nun um dich kümmern."

Es gibt Zeiten, in denen wir leiden und nicht wissen, warum. Wir kennen nicht die Natur des Leidens. Dieses Leiden mag uns von unseren Eltern oder Vorfahren übermittelt worden sein. Sie waren vielleicht nicht in der Lage, ihr Leiden zu transformieren, und so haben sie es an uns weitergegeben. Als Erstes erkennen wir einfach, dass es in uns ist. Hören wir unser eigenes Leiden nicht an, werden wir es nicht verstehen, und wir werden kein Mitgefühl für uns haben. Mitgefühl ist das, was uns zur Heilung verhilft. Nur wenn wir Mitgefühl für uns selbst haben, können wir wirklich einem anderen Menschen zuhören.

Wir umarmen also unseren Schmerz, unseren Kummer und unsere Einsamkeit mit der Energie der

Achtsamkeit. Das Verstehen und die Einsicht, die aus dieser Praxis erwachsen, werden uns helfen, unser Leiden zu transformieren. Wir fühlen uns erleichtert, wir beginnen, Wärme und Frieden in uns zu spüren. Das tut uns gut, und es tut auch dem anderen Menschen gut. Wenn dieser andere Mensch Sie dabei begleitet, ein Zuhause zu schaffen, haben Sie einen Gefährten. Sie helfen ihm und er hilft Ihnen.

Falsche Ansichten

Große, weise Menschen erlangen den Weg, befreien sich selbst von allen Anhaftungen und allem Leid und ebenso von allen Unterscheidungen und transzendieren alle dualistischen Sichtweisen.

Sutra über das Netz sinnlicher Liebe, 22. Vers

Der Pfad der Befreiung liegt offen vor Ihnen, warum wollen Sie Stricke nehmen, um sich und andere festzubinden? Die wahre Lehre besagt, dass *Dies* in *Jenem* liegt, Sie können nicht *Das* aus *Jenem* herausnehmen. Hat sich ein Stück Treibholz an einer Flussseite verhakt, hängt es fest; es kann seine Reise nicht fortsetzen und das Meer erreichen. Es ist bedeutungslos, auf welcher Flussseite Sie sich verhakt haben, Sie stecken einfach fest. Sich durch die Mitte zu bewegen, keiner Uferseite verhaftet, das wird der Mittlere Weg genannt.

Dem Buddha zufolge gibt es vier falsche Ansichten *(viparyasa)*. Viparyasa bedeutet etwas auf den Kopf stellen oder umkehren. Unser gesamtes Leiden ist durch diese vier Ansichten verursacht, die das Gegenteil von Wahrheit sind. Die erste falsche Ansicht ist die Vorstellung von Beständigkeit *(nitya)*. Dinge sind unbeständig *(anitya)*, doch wir sehen sie als beständig an. Die zweite falsche Ansicht ist die Vorstellung von Glück *(sukha)*. Manchmal gibt es ein Leiden *(dukkha)*, das wir für Glück halten. So glauben wir zum Beispiel, Drogen oder Alkohol machten uns glücklich, oder wir beginnen eine Affäre und meinen, sie brächte uns dauerhaftes Glück, während sie uns und denen, die wir lieben, nur Leiden bringen.

Die dritte falsche Ansicht ist die Vorstellung von einem Ich oder Selbst *(atman)*. Menschen haben keine eigenständige, abgetrennte Existenz, genauso wenig wie eine Blume. Die Wolke ist in der Blume. Der Vater ist in dem Kind. Diese Wahrheit zu verstehen bedeutet, Nicht-Selbst zu verstehen. Haben wir Nicht-Selbst vollkommen erfasst, gibt es keine Anhaftung mehr für uns. Sind wir aber in dualistischem Denken, in Vorstellungen und Begriffen von Dies und Das gefangen, sehen wir Vater und Sohn als zwei verschiedene Identitäten; wir sehen Körper und Geist, Geburt und Tod als verschieden an.

Der Buddha sagte: „Nichts wurde geboren oder wird sterben. Nichts ist oder ist nicht; nichts kommt oder geht." Geburt und Tod, Kommen und Gehen existieren nur in unserem Geist. Wissenschaftler können diese Wahrheit erkennen, und sei es rein intellektuell. Der französische Chemiker Antoine Lavoisier sagte: „Nichts geht verloren, nichts wird geschaffen", alles ist im Wandel.

Sehen wir eine Blume oder eine Wolke, können wir erkennen, dass es keine Geburt und keinen Tod gibt, kein Kommen und kein Gehen. Geburt und Tod sind einfach die äußere Erscheinung der Dinge. Schauen wir tiefer, sehen wir, dass nichts geboren wird und nichts stirbt. Können wir das vollkommen akzeptieren, werden wir keine Angst mehr vor dem haben, was kommt und geht. Die christlichen Mystiker haben diese Wahrheit berührt und als „Ruhen in Gott" ausgedrückt. Im Buddhismus bezeichnen wir sie als Nirwana. Wollen wir Nirwana erreichen, müssen wir unsere dualistische Sicht von Geburt und Tod, Kommen und Gehen, Subjekt und Objekt, Innen und Außen loslassen. Unser größtes Hindernis ist unsere dualistische Sicht. Einige Menschen sagen, dass Gott der Schöpfer und die Welt seine Schöpfung sei. Den Schöpfer und die Schöpfung als zwei verschiedene Dinge zu sehen ist eine dualistische Ansicht.

Die letzte falsche Ansicht ist die Vorstellung von Reinheit *(shuddhi)*. Wir halten gern bestimmte Dinge getrennt von anderen, und so sehen wir nicht den Kompost, der uns hilft, den Garten zu gestalten, den Schlamm, der das Wachstum des Lotos unterstützt, oder den Dreck, den Schweiß und das Blut, die zum Schaffen eines Diamanten beitragen. Er ist nicht rein, aber wir glauben, er sei es. Das geschieht auch oft, wenn wir nach einer Affäre oder einer Beziehung Ausschau halten. Wir meinen, dass ein anderer Mensch eine Art Reinheit für uns habe, nur weil wir ihn anziehend finden. Doch jeder Mensch besteht aus Reinem und Unreinem, aus Abfall genauso wie aus Blumen.

Sind wir in der Lage, tief zu schauen und die Ansichten von Beständigkeit, Glück, Selbst und Reinheit loszulassen, gelangen wir zu Einsicht. Anstatt das Objekt unseres sinnlichen Verlangens zu idealisieren, können wir dank unserer Einsicht dessen wahre Natur erkennen. Wir verstehen, dass die andere Person ihrem Wesen nach unbeständig, ohne Selbst und unrein ist – genauso wie wir.

Souveränität

Wenn der Geist sich hin zu sinnlicher Liebe bewegt, wird der Baum sexueller Liebe emporschießen, und rasch

werden die Knospen sprießen. Der Geist zerstreut sich,
denn das Objekt sinnlicher Liebe erzeugt ein gefährliches
Feuer in uns. Die, die nach sinnlicher Liebe Ausschau
halten, sind wie Affen, die sich auf der Suche nach Früch-
ten von Ast zu Ast schwingen.

Sutra über das Netz sinnlicher Liebe, 1. Vers

Indem wir uns selbst im Netz sinnlicher Liebe fesseln
oder Zuflucht unter seinem Schirm suchen, binden wir
uns an den Kreislauf der Anhaftung wie ein Fisch,
der in seine eigene Falle schwimmt.

Sutra über das Netz sinnlicher Liebe, 20. Vers

Die meisten von uns leben in einem Umfeld, das uns
zahlreiche Gelegenheiten bietet, geschäftig zu sein
und unter Druck. Wir gehen von Ereignis zu Ereignis,
von Person zu Person und werden dadurch ganz
schnell von unserer Achtsamkeitspraxis weggezogen.
Wir haben vielleicht eine Freundin oder einen Ehemann und doch gibt es ein noch unerfülltes sinnliches
Verlangen in uns. Es reizt uns, diesen Menschen zu
verlassen, um einem anderen zu folgen. Der Affe
springt von Ast zu Ast auf seiner Suche nach Früchten.
Er isst eine, doch sofort zieht es ihn zu einer anderen
hin. Ohne Verblendung und Begierde würden wir uns
nicht in Begehren verfangen.

Es sind nicht die anderen, die uns dazu bringen; wir tun das selbst. Fühlen wir uns gefangen, ist das unserem eigenen Handeln geschuldet. Niemand zwingt uns dazu, uns selbst zu fesseln. Wir nehmen das Netz der Liebe und wickeln uns darin ein. Wir nehmen den Schirm der Liebe, um uns zu schützen. Wir werden wie ein Fisch, der in eine Falle schwimmt. Es gibt in Vietnam traditionelle Bambusfallen mit zwei Öffnungen. Reinkommen ist einfach, rauskommen ungleich schwieriger.

Im Moment seines Erwachens hat der Buddha am Fuß des Bodhibaums erklärt: „Wie seltsam – alle Wesen besitzen die Fähigkeit, zu erwachen, zu verstehen, zu lieben und frei zu sein – und doch wissen sie das nicht und ziehen dahin auf dem Ozean des Leidens." Er sah, dass wir Tag und Nacht nach etwas suchen, was bereits in uns ist. Wir können das Buddha-Natur oder erwachte Natur nennen, die wahre Freiheit, welche die Grundlage für allen Frieden und alles Glück ist. Die Fähigkeit zur Erleuchtung ist nicht etwas, das uns jemand anderes bieten kann. Es ist bereits in uns vorhanden.

Jeder von uns ist Souverän über das Territorium des eigenen Seins und der fünf Elemente, aus denen wir bestehen: Form (der Körper), Gefühle, Wahrnehmungen, Geistesformationen und Bewusstsein. Unsere Praxis besteht darin, tief in diese fünf Elemente hineinzuschauen und die wahre Natur unseres Seins zu erkennen – die wahre Natur unseres Leidens, unseres Glücks, unseres Friedens und unserer Furchtlosigkeit.

Doch die meisten von uns haben das eigene Territorium verlassen und zugelassen, dass dort Konflikte und Unordnung entstanden sind. Wir leben dann in zu großer Angst, in unser Gebiet zurückzukehren und uns den Schwierigkeiten und dem Leiden zu stellen. Wann immer wir fünfzehn „freie" Minuten haben oder eine oder zwei Stunden, neigen wir dazu, uns an unseren Computer zu setzen, zu telefonieren, Musik zu hören oder uns mit anderen zu unterhalten, um die Wirklichkeit der Elemente, die uns ausmachen, zu vergessen und vor ihr davonzulaufen. Wir denken: „Ich leide zu sehr. Ich habe zu große Probleme. Ich möchte mich ihnen nie mehr zuwenden."

Um Hoheitsrechte für unser Territorium zu beanspruchen und die Elemente, aus denen wir bestehen, zu transformieren, müssen wir die Energie der Achtsamkeit kultivieren. Das wird uns die Stärke verleihen, zu uns selbst zurückzukehren. Diese Energie ist etwas Wirkliches und sehr Reales.

Wenn wir achtsam gehen, schaffen wir durch unsere gefestigten, friedvollen Schritte die Energie der Achtsamkeit und bringen uns zurück zum gegenwärtigen Moment. Wenn wir beim Sitzen unserem Atem folgen, uns des Ein- und Ausatmens bewusst werden, kultivieren wir die Energie der Achtsamkeit. Nehmen wir eine Mahlzeit in Achtsamkeit ein, bringen wir uns mit unserem gesamten Sein in den gegenwärtigen Augenblick und sind sowohl der Nahrung als auch derer, die dieses Mahl mit uns teilen, gewahr. Die Achtsamkeitsenergie können wir bei allem, was wir tun, kultivieren – ob wir nun arbeiten oder saubermachen und auch wenn wir mit unserem Geliebten intim sind. Schon nach wenigen Tagen der Übung wird sich die Energie des Achtsamkeit erhöht haben, und diese Energie wird uns helfen, uns beschützen und uns den Mut geben, zu uns selbst zurückzukehren und all das, was sich auf unserem Territorium befindet, zu erkennen und zu umarmen.

Befreiung und Erlösung können nur von uns kommen, nicht von anderen. Sie können nicht darauf warten, dass Ihnen jemand dabei hilft. Sie sind Ihre eigene Insel. Kehren Sie zu Ihrem Ein- und Ihrem Ausatmen zurück. Berühren Sie Ihren inneren Frieden, und Sie können tiefer schauen. Sie werden die Wurzeln Ihrer Schwierigkeiten erkennen, und Sie werden Ihre Fesseln lösen können. Selbst wenn Ihr Geist voller Verlangen nach sinnlicher Liebe ist, werden Sie imstande sein, all diese Fesseln zu lösen.

VERSTEHEN UND VERGEBEN

Wenn wir die Lehren des Buddha begreifen, erkennen und verstehen wir die wahre Natur der Dinge, ohne uns in ihnen zu verfangen. Wir wissen dann, wie wir die Schnüre sinnlicher Liebe in unserem Geist auftrennen können.

Sutra über das Netz sinnlicher Liebe, 24. Vers

Verstehen wir unser eigenes Leiden, ist es sehr viel einfacher für uns, auch das der anderen zu verstehen. Verständnis ist ein Geschenk. Vielleicht fühlt sich die andere Person zum ersten Mal verstanden. Verstehen ist ein anderer Name für Liebe. Ohne Verstehen kannst du nicht lieben. Verstehen Sie Ihren Sohn nicht, können Sie ihn nicht lieben. Verstehen Sie Ihre Mutter nicht, können Sie sie nicht lieben. Jemandem Verständnis bieten bedeutet, ihm oder ihr Liebe schenken. Je mehr wir aber ohne Verständnis für den anderen Menschen „lieben", desto mehr Leid schaffen wir für uns und den anderen.

In *Ostwind, Westwind,* einem Roman von Pearl S. Buck, verlässt ein junger Mann China, um in die USA zu gehen und dort Arzt zu werden. Die Frau, der er versprochen ist, bleibt zurück. Sie ist ganz traditionell erzogen worden, ihre Füße sind zusammengebunden und sie hat gelernt, wie sie ihren Ehemann bedienen und ihm zu Gefallen sein kann. Als der junge Mann sein Studium beendet hat und nach China zurückkehrt, um zu heiraten, ist er durch seine Zeit im Westen sehr beeinflusst. Er will, dass seine Ehefrau ihre eigenen Gedanken zum Ausdruck bringt und keine Angst vor ihm hat oder ihm unterwürfig gegenübertritt. Doch das ist für sie zu schwierig. Es widerspricht allem, was sie über das Benehmen und Verhalten einer guten Ehefrau gelernt hat. Das Paar verbringt viele Monate in großer Entfremdung miteinander, ohne irgendeine Art emotionaler oder spiritueller Vertrautheit entwickeln zu können. Der Ehemann weigert sich, körperlich mit ihr intim zu werden, während die Kluft zwischen ihnen so groß ist. Schließlich aber können sie Verständnis und Liebe füreinander entwickeln und werden als Paar glücklich.

Es gibt vielleicht Zeiten, in denen Sie am Bett eines schlafenden Kindes sitzen. Während es schläft, zeigt es so viel Zartheit, Leiden und Hoffnung. Stellen Sie sich eine solche Situation einmal vor, und beobachten Sie Ihre Gefühle dabei. Verstehen und Mitgefühl werden sich in Ihnen regen, und Sie werden wissen, wie Sie sich am besten um das Kind kümmern und es glücklich machen können. Das gilt auch für Ihren Partner, Ihre Partnerin. Sie sollten ihn einmal betrachten, wenn er schläft. Schauen Sie tief und entdecken Sie die Zartheit, das Leiden, die Hoffnung und die Verzweiflung, die sich während des Schlafs Ausdruck verschaffen. Sitzen Sie für eine viertel oder halbe Stunde bei ihm und schauen Sie einfach. Verstehen und Mitgefühl werden in Ihnen erwachsen, und Sie werden wissen, wie Sie für Ihren Partner, Ihre Partnerin da sein können.

Unsere Eltern haben uns in diese Welt gebracht. Wenn unsere Eltern sich gut verstanden und einander geliebt haben, hat uns das die Erfahrung wahrer Liebe ermöglicht. Haben unsere Eltern sich nicht verstanden und geliebt, hatten wir diese Chance nicht. Wenn unsere Eltern einander verstanden und geliebt haben, waren sie unsere ersten Lehrer in der Kunst des Liebens. Sie haben uns dafür keinen extra Unterricht gegeben. Ihre Art und Weise, füreinander Sorge zu tragen, war der beste Unterricht.

Das kostbarste Erbe, das Eltern ihren Kindern hinterlassen können, ist ihr eigenes Glücklichsein. Das ist das wertvollste Geschenk, das sie ihren Kindern machen können. Ihre Kinder können diese Lektion ihr ganzes Leben lang verwenden. Sie können ihnen vielleicht kein Geld hinterlassen oder Landbesitz, doch Sie können ihnen helfen, glückliche Menschen zu werden. Glückliche Eltern sind das reichste Erbe, das man sich nur vorstellen kann.

Leben zwei Menschen als Paar zusammen, meinen sie oft, dass sie den jeweils anderen vollkommen verstehen. Sie glauben, dass sie vor dem anderen nichts verbergen, und meinen, dass sie den anderen in- und auswendig kennen. Doch in Wirklichkeit ist ein menschliches Wesen ein stets neu zu entdeckendes Universum. Was wir sehen, ist oft nur eine äußere Hülle; die Wahrheit ist häufig nicht einfach zu ergründen.

Wir können eine andere Person nur dann verstehen, wenn wir uns darin geübt haben, uns selbst tief zu betrachten. Nur dann werden wir das Leiden des anderen verstehen können, weil wir unser eigenes Leiden bereits erkannt und transformiert haben. Sobald wir das Leiden unseres geliebten Menschen verstanden haben, sind wir imstande, ihm zu helfen. Wir werden dem anderen keine Vorwürfe mehr machen oder ihn beschuldigen, weil in unserem Herzen Verstehen wohnt. Unser Blick, mit dem wir den anderen betrachten, ist voller Mitgefühl. Und so ermöglichen wir ihm, zu sprechen. Selbst wenn wir gar nichts getan oder gesagt haben, hat unser Blick bereits den Heilungsprozess in Gang gebracht.

Wenn ein Paar sich nicht in Achtsamkeit übt und sich nicht darum bemüht, einander zu verstehen und auch das Leiden des jeweils anderen zu verstehen, wird es nicht weit kommen. Sie leben vielleicht weiterhin zusammen, auch wenn sie nicht glücklich miteinander sind. Möglicherweise bleiben sie wegen der Kinder zusammen oder weil sie nicht ihr Leben verkomplizieren wollen. Es gibt viele solcher Paare, die zwar zusammen, aber nicht glücklich miteinander sind. Andere Paare können es so nicht aushalten, und sie trennen sich oder lassen sich scheiden.

Einsamkeit kann nur durch Verstehen und Liebe geheilt werden. Manchmal glauben wir, durch eine sexuelle Beziehung würden wir uns weniger einsam fühlen. Doch in Wahrheit lindert solcher Sex nicht das Gefühl der Einsamkeit, er verschlimmert es noch. Sexualität sollte von Verstehen und Liebe begleitet sein. Sonst ist Sex leer.

Tiefes Zuhören

Um für den geliebten Menschen ganz da zu sein, ist es notwendig, dass wir uns in tiefem Zuhören üben. Es gibt Leiden im geliebten Menschen, die wir bisher noch nicht sehen konnten. Jemand, der oder die unser Leiden versteht, ist unser bester Freund, unsere beste Freundin. Auch wir wollen gern jemand sein, der oder die das Leiden anderer versteht. Um zu verstehen, müssen wir tief zuhören.

Wir können unseren Partner fragen: „Liebster, bitte erzähl mir doch etwas aus deiner Kindheit. Was hast du gerne gegessen? Welche Spiele hast du gespielt? Welche Probleme hattest du?" Wenn wir wirklich neugierig sind, werden wir diese Dinge wissen und verstehen wollen. Sind wir tatsächlich neugierig und wollen wir wirklich ganz für die andere Person da sein, wird sie uns aus ihrer Kindheit erzählen. Einfach indem wir ihr zuhören, was sie uns über ihre frühen Jahre erzählt – vielleicht war sie glücklich, vielleicht wurde sie misshandelt und ihr Leiden ist noch immer in ihr, von anderen unerkannt, in ihr gegenwärtig –, werden wir zu ihrer besten Freundin, ihrem besten Freund.

„Lasst uns einander zuhören." „Lasst uns füreinander da sein." Wir müssen solche einfachen Dinge sagen. Ansonsten wird die Vereinigung zweier Körper nach einer Weile sehr monoton. Und selbst wenn wir dann mit unserem Partner zusammen sind, werden wir uns weiterhin allein fühlen. Und dann suchen wir nach jemand anderem, mit dem wir zusammen sein könnten. Auf diese Weise sind wir immer auf der Suche. Doch glauben Sie nicht, dass Sie das, was tief in einem anderen Menschen liegt, erkennen können, wenn Sie ihm nur in die Augen schauen! Haben Sie den Eindruck, dass Sie Ihren Geliebten in- und auswendig kennen und Sie deshalb gelangweilt oder unruhig sind, dann irren Sie sich. Sind Sie sicher, dass Sie sich selbst kennen?

In Asien gibt es die Redeweise: „Da schlafen zwei in einem Bett, aber haben verschiedene Träume." Sobald wir die Fähigkeit, zu lieben und zu verstehen, erlangt haben, können wir uns und anderen Glück bringen. Fragen wir unseren geliebten Menschen nach seiner Kindheit, sagt er vielleicht: „Die Vergangenheit ist nicht mehr Teil meines Lebens; ich will darüber nicht reden." Doch wenn er sich nicht selbst verstehen kann, wird er auch andere nicht verstehen können.

Es scheint so einfach, zu sagen, dass Liebe aus Verstehen besteht, doch es ist sehr schwierig, dies zu praktizieren. Wir beginnen damit, unser eigenes Leiden zu verstehen, und zu entdecken, was unser eigenes Verlangen verursacht. Das hilft uns, uns zu verändern, keine Vorwürfe mehr zu machen oder zu hassen. Durch unser Verstehen können wir lieben und werden schließlich das Gefühl der inneren Leere verlieren.

Vergeben

Warten Sie nicht, bis es zu spät ist, um zu erkennen, was wirklich zählt. Weil sinnliches Verlangen so überwältigend sein kann, erkennt man oft erst spät, welche Verwüstungen es anrichtet. Jeder macht Fehler, aber Sie können andere nicht ständig um Verzeihung bitten. Statt zum Beispiel zu sagen: „Tut mir leid, dass ich dich angeschrien habe", sollten Sie sich darin üben, nicht so oft zu schreien. Verpflichten Sie sich, sich die Zeit zu nehmen und sich um die Ursachen, die Wurzeln Ihres Verhaltens zu kümmern. Dann können Sie wirklich geloben, sich zu verändern, die Situation zu verändern und anderen zu helfen.

Wahrhaftige Reue wird Sie glücklich machen und ebenso den anderen Menschen. Ohne diese Reue wird das Vertrauen schwinden, und Sie beide werden weniger glücklich sein. Geloben Sie, sich wirklich um Veränderung zu bemühen und Ihr Bestes zu tun, um diese Richtung einzuschlagen. Sonst wird die andere Person ihr Vertrauen in Sie verlieren, und auch Sie werden allmählich das Vertrauen in sich verlieren, und das wird Ihre Beziehung schwächen. Handeln Sie so, dass das Vertrauen tagtäglich gestärkt wird. Sie brauchen gar nichts zu sagen. An Ihrem Verhalten wird die andere Person erkennen, dass Sie wirklich von Neuem beginnen. Selbst wenn sie das nicht sofort erkennen mag, streiten Sie nicht darüber oder seien Sie voller Angst. Praktizieren Sie einfach gut und ausdauernd, und allmählich wird sich die Wahrheit zeigen, und Ihre Beziehung wird sich verbessern.

Es ist wichtig, sich in rechtem Denken zu üben. Rechtes Denken bedeutet, tief zu schauen, um ein größeres Verständnis und mehr Mitgefühl zu entwickeln. Wann immer Sie merken, dass Sie Ihren Partner, Ihre Partnerin beurteilen, sollten Sie sich Ihrer Ein- und Ausatmung zuwenden und sich fragen: „Wie kann ich das anders sehen? Kann ich tiefer schauen, um die Probleme und das Leiden meiner Partnerin besser zu verstehen?"

Verstehen Sie Ihren Partner, können Sie ihn leichter akzeptieren und ihm mitfühlender begegnen. Schon dieses Mitgefühl wird Ihnen Erleichterung verschaffen. Verharren Sie nicht in Ihrem Schock über seine Redeweise und sein Verhalten. Oft denken Menschen: „Das ist nicht annehmbar; ich muss ihn korrigieren." Reagieren Sie in dieser Weise, sollten Sie sich sofort Ihrer Ein- und Ausatmung zuwenden. Kehren Sie zu Ihrem inneren Frieden zurück und schauen Sie genauer, wie die Dinge sind. Sie können das in jeder Situation tun, und Sie können auch eine solche Situation annehmen und genießen. Mitgefühl haben bedeutet nicht, dass Sie den für Sie so schwierigen Menschen lieben müssen. Doch wenn Sie innehalten, werden Sie die Schwierigkeiten des anderen tiefer betrachten können. Und wenn Sie ihn dann zu akzeptieren vermögen, können Sie ihn auch lieben.

Jeder von uns verhält sich in der einen oder anderen Weise ungeschickt. Erkennen Sie, dass Sie gerade nicht sehr hilfreich sind, dann wecken Sie sich auf und hören Sie mit Ihren wenig hilfreichen Gedanken, Ihrem ungeschickten Verhalten auf. Jemanden anschreien hilft niemandem. Haben Sie bereits gebrüllt, erkennen Sie, dass dies eines Ihrer ungeschickten Verhaltensweisen war. Kehren Sie zu Ihrer Ein- und Ausatmung zurück und sagen Sie: „Ich muss das in Ordnung bringen." Gehen Sie dann zu der anderen Person und entschuldigen Sie sich. Sagen Sie sich selbst, dass Sie alles daransetzen wollen, um sich beim nächsten Mal vorher daran zu erinnern und anders zu verhalten.

Wollen Sie ein Held, eine Heldin sein, dann sollten Sie dazu imstande sein, mit Ihrem Partner, Ihrer Partnerin aufrichtig zu sein, und sich dazu verpflichten, Frieden zu sein, und zwar jetzt, in diesem Moment. Selbst wenn eine Menge Ärger und Wut in Ihnen ist, versuchen Sie, innerzuhalten und tiefer zu schauen, um sich und andere wirklich zu verstehen. Nutzen Sie Ihr Vertrauen in die Praxis und versuchen Sie, sich heute zu verändern. Warten Sie nicht auf morgen.

DIE DREI SCHLÜSSEL
ZUM GLÜCK

Wollen wir glücklich und voller Freude sein,
müssen wir entschlossen alle Anhaftungen loslassen ...
Das Fehlen von Anhaftung führt zu wahrem
Frieden und echter Freude.
Sutra über das Netz sinnlicher Liebe, Vers 5

Wir neigen zu dem Glauben, um glücklich zu sein, bräuchten wir bestimmte äußere Bedingungen, bevor wir Glücklichsein erreichen könnten. Doch das Glück erwächst aus der Art und Weise, wie wir die Dinge betrachten. Wir selbst sind vielleicht nicht glücklich, doch andere Menschen sind es unter den gleichen Bedingungen, wie wir sie haben. Dieser Vers erinnert uns daran, wie ein Lotosblatt zu sein, von dem Wassertropfen einfach abperlen. Wir streben an, so zu werden wie ein Lotosblatt, sodass unser sinnliches Begehren von uns abperlen kann und wir unseren Gleichmut bewahren können. Unser Glück hängt von unserer Einsicht ab. Wir haben vielleicht etwas erlebt, was uns wie ein schlimmer Unfall erscheint. Doch wenn wir tiefer schauen, erkennen wir möglicherweise, dass dieser Unfall auch positive Wirkungen hatte, indem er uns achtsamer in zukünftigen Situationen werden ließ und uns so hilft, einen noch größeren Unfall zu vermeiden. Manchmal erleben wir auch etwas, das uns als glücklicher Umstand erscheint. Doch ist es weise, vorsichtig zu sein, denn ein Glück dieser Art kann negative Konsequenzen nach sich ziehen.

Sind Sie nicht glücklich, ist es wichtig, sich die Situation genau anzuschauen. Sagen Sie: „Ich bin an diesem Ort oder mit dieser Person nicht glücklich", stimmt das vielleicht nicht ganz. Sind Sie nicht glücklich, ist das keiner äußeren Situation geschuldet, sondern Ihnen. Sie können in jeder Situation glücklich sein. Das bedeutet nicht, dass Sie passiv sein und alle Dinge so akzeptieren sollten, wie sie sind. Sie sagen Ja zu den Dingen in dem Sinne, dass Sie sie deutlich sehen, Sie sehen das Negative, und Sie sehen das Positive.

Glauben Sie nicht, dass Sie ohne dieses oder jenes nicht glücklich sein könnten. Tun Sie Ihr Möglichstes, um zu bekommen, was Sie wollen, doch auch in der Zwischenzeit können Sie glücklich sein. Wenn Sie zum Beispiel ein Visum wollen, um das Land zu verlassen, sollten Sie nicht sagen: „Ich werde nur glücklich sein, wenn ich das Visum bekomme." Vielleicht sind Sie gar nicht glücklich, wenn Sie im anderen Land ankommen. Sie sollten sich darin üben, zu denken: „Selbst wenn ich kein Visum bekomme, ist das in Ordnung. Ich bin glücklich hier." Auf diese Weise werden Sie imstande sein, die Situation in dem anderen Land zu akzeptieren, wie sie ist, wenn Sie das Visum dann erhalten.

Unsere Kühe freilassen

Der Buddha saß einmal, so eine alte Geschichte, mit seinen Mönchen zusammen, nachdem sie ihr Mittagsmahl in Achtsamkeit zusammen eingenommen hatten. Plötzlich tauchte ein Bauer auf. Er litt sehr. Er sagte: „Liebe Brüder, habt ihr hier irgendwo meine Kühe gesehen? Ich habe fünf Kühe, doch aus irgendeinem Grund sind sie heute Morgen alle davongelaufen. Ich habe auch zwei Äcker mit Sesampflanzen, doch in diesem Jahr wurden alle Sesamsamen von Insekten aufgefressen. Es ist nichts übrig geblieben. Ich werde mich wohl umbringen, glaube ich."

Der Buddha sah ihn voller Mitgefühl an: „Lieber Freund, wir sitzen hier schon länger als eine Stunde, doch deine Kühe haben wir nicht gesehen. Vielleicht schaust du noch mal in der anderen Richtung."

Als der Bauer gegangen war, drehte sich der Buddha zu seinen Mönchen um, lächelte und sagte: „Meine lieben Freunde, ihr könnt euch sehr glücklich schätzen, denn ihr habt keine Kühe."

Die Kühe repräsentieren die Dinge, an denen wir hängen. Die Übung besteht darin, zu lernen, wie wir unsere Kühe loslassen können. Setzen Sie sich einmal hin und atmen Sie achtsam ein und aus und konzentrieren Sie sich auf Ihre Kühe und identifizieren Sie sie. Nennen Sie Ihre Kühe bei ihren wahren Namen und schauen Sie, ob sie in der Lage sind, eine von ihnen freizulassen. Je mehr Sie freilassen können, desto glücklicher werden Sie sein. Kühe freilassen ist eine Kunst, eine Übung. Ihre Vorstellung über Glück ist eine Kuh, eine sehr kräftige, starke. Sie brauchen große Einsicht und viel Mut, um sie loszulassen.

Nehmen wir an, Sie möchten etwas unbedingt. Sie sind davon überzeugt, dass Sie nicht glücklich sein könnten, ohne es zu bekommen. Sie verfangen sich in dieser Vorstellung. Doch gibt es Menschen, die sich schlecht fühlen, obwohl sie Ihr Wunschobjekt haben, und es gibt Menschen, die es nicht haben, aber vollkommen glücklich sind. Sie haben eine Idee über Glück und das Glücklichsein. Sind Sie bisher nicht glücklich gewesen, lag das vielleicht an dieser Idee. Lassen Sie diese Idee gehen, dann wird das Glück sich viel leichter einstellen. Es gibt viele Tore zum Glück. Öffnen Sie alle, gibt es für das Glück viele Wege, Sie zu erreichen. Doch haben Sie bis auf eines alle Tore geschlossen, kann sich das Glück aus diesem Grund nicht einstellen. Denn das Glück kann nicht durch dieses eine Tor kommen. Schließen Sie also keins dieser Tore. Öffnen Sie alle. Verpflichten Sie sich nicht nur einer Vorstellung von Glück. Schieben Sie Ihre Vorstellung von Glück beiseite, dann kann das Glück heute noch zu Ihnen kommen.

Viele von uns haben sich in Vorstellungen darüber verfangen, wie sie wirklich glücklich sein könnten. Wir haften einer Reihe von Dingen an, die wir als wesentlich für unser Wohlergehen ansehen. Vielleicht leiden wir sehr unter unserer Anhaftung an diese Dinge, aber wir haben nicht den Mut, sie loszulassen; es fühlt sich für uns zu unsicher an, es zu tun. Dabei mag es sich um eine Person, ein materielles Objekt oder eine gesellschaftliche Position handeln oder etwas anderes. Wir glauben, ohne diesen Menschen oder dieses Objekt würden wir nicht sicher sein, und darum haben wir uns darin verfangen.

Glücklichsein hängt in erster Linie von dem tiefen Wunsch nach Glück ab und dann von einem spirituellen Pfad, dem wir folgen. Tun Sie jeden Tag etwas auf diesem Pfad, und Sie werden glücklich sein. Versuchen Sie nicht, große Dinge zu tun. Durch kleine Dinge können Sie sich und Ihre Freundinnen und Freunde glücklich machen. Wenn Sie ein Mahl zubereiten oder den Tisch abwischen, tun Sie das in schöner Weise – für sich selbst und für die Menschen in Ihrem Umfeld. Sie können sofort damit beginnen.

Es gibt drei Schlüsselübungen, durch die Sie Ihr Leiden transformieren und Ihr inneres Zuhause finden können, welches Ihnen Festigkeit und Verstehen für

Ihren Partner, Ihre Partnerin gibt. Sie bringen auch Ihnen große Freude. Es ist die Übung der Achtsamkeit (*smrti*), Konzentration (*samadhi*) und Einsicht (*prajña*). Mit Achtsamkeit, Konzentration und Einsicht können wir unseren Geist reinigen, sodass uns weniger belastet, wir uns tiefer mit unseren Lieben verbinden und frei sein können.

Achtsamkeit

Loslassen, uns von etwas frei machen, ist eine Technik, die uns Freude und Glück bringt. Achtsamkeit ist eine andere Methode, die uns zu Freude und Glück führt. Vielleicht sind Sie ein junger Mensch. Sie können wandern, springen und laufen, Sie können vieles tun, sind voller Energie. Jung sein ist etwas Wundervolles. Unter uns gibt es aber auch Menschen, die all das nicht mehr können; wir sind zu alt. Atmen Sie ein und fühlen Sie sich dabei jung und voller Energie: „Ich atme ein und weiß, dass ich noch jung bin." Dieses Bewusstwerden bringt Glück.

Atme ich ein, richte ich meine Aufmerksamkeit auf meine Augen, und es stellt sich das Wissen ein, dass ich noch ausreichend gut sehe, meine Augen sind noch in einem guten Zustand. „Ich atme ein und bin mir meiner Augen bewusst. Ich atme aus und lächle meinen Augen zu." Das mag manchen Menschen auf den ersten Blick töricht erscheinen, doch kann diese Art der Achtsamkeitsübung zu Glück und Einsicht führen. Es ist wundervoll, über Augen zu verfügen, die noch in gutem Zustand sind. Sie müssen nur Ihre Augen öffnen, um ein Paradies der Formen und Farben zu betreten. Der Frühling ist da, ein Paradies ist da. Und weil Sie Augen haben, die noch gut sehen können, sind Sie imstande, ganz leicht einen Zugang zu diesem Paradies zu gewinnen. Sie müssen sich gar nicht anstrengen. Öffnen Sie einfach Ihre Augen.

Für die Menschen unter uns, die ihr Augenlicht verloren haben, ist dieses visuelle Paradies nicht länger zugänglich. Unser tiefster Wunsch ist es dann, unser Augenlicht wiederzugewinnen, um erneut das Paradies sehen zu können. Die Menschen mit Augen von guter Sehfähigkeit können sagen: „Ich atme ein und bin mir meiner Augen bewusst; ich atme aus und weiß, dass sie in gutem Zustand sind." Und Sie gewinnen die Einsicht, dass bereits eine Bedingung für Glück da ist. Das ist Achtsamkeit und Achtsamkeit bringt Freude und Glück hervor. Achtsamkeit sagt Ihnen, dass Sie noch immer jung sind. Achtsamkeit sagt Ihnen, dass Ihre Augen in gutem Zustand sind.

„Ich atme ein und bin mir meines Herzens bewusst." Sie nehmen Ihr Herz wahr und wissen, dass Ihr Herz noch ganz normal funktioniert. Es ist wunderbar, ein Herz zu haben, das normal funktioniert. Diejenigen unter uns, bei denen das nicht der Fall ist, leben mit der ständigen Angst, einen Herzinfarkt zu bekommen. Jedes Mal also, wenn uns bewusst wird, dass unser Herz gesund ist und normal funktioniert, fühlen wir uns glücklich. Mit Achtsamkeit stellt sich das Glück einfach sofort ein, in einer Sekunde. Achtsamkeit lässt uns die vielen Bedingungen für Glück erkennen, die in uns und außerhalb von uns gegenwärtig sind.

Wir müssen uns also darin üben, Achtsamkeit als eine Quelle des Glücks zu erfahren. Wir brauchen kein Geld, wir müssen nicht shoppen gehen. Was wir brauchen, ist einfach Achtsamkeit. Als Erstes entwickeln wir die Fähigkeit, loszulassen. Dann entwickeln wir die Fähigkeit, achtsam zu sehen. Dadurch erkennen wir, wie sehr uns das Glück bereits zur Verfügung steht.

Einige von uns verfügen über so viele glückliche Bedingungen, sind aber nicht glücklich. Andere beneiden uns und glauben, wir seien glücklich. Uns stehen so viele glückliche Bedingungen zur Verfügung, doch wir erkennen und wertschätzen sie nicht.

Konzentration

Wenn wir achtsam auf oder für etwas sind, können wir es ganz aufnehmen und uns darauf konzentrieren.

Eine solche Konzentration stärkt die Qualität unseres Glücks. Stellen Sie sich vor, vor Ihnen steht eine Tasse Tee. Sind Sie achtsam und konzentriert, wird der Tee etwas sehr Reales für Sie, und das Teetrinken macht Sie glücklich. Ihr Geist ist nicht zerstreut. Er weilt nicht in der Vergangenheit, der Zukunft oder bei Ihren gegenwärtigen Projekten. Ihr Geist ist einzig und allein auf den Tee konzentriert. Das ist Konzentration. Tee ist das Objekt Ihrer Konzentration. Teetrinken kann Sie in diesem Moment sehr glücklich machen, und je konzentrierter Sie sind, desto glücklicher werden Sie. Sind Sie in den Anblick eines wunderschönen Sonnenaufgangs versunken, stört in diesem Moment kein Denken über die Vergangenheit oder Zukunft Sie. Je konzentrierter Sie werden, desto mehr werden Sie der Schönheit, die Sie umgibt, gewahr. Konzentration ist also eine Quelle des Glücks.

Einsicht

Einsicht ist stets befreiend. Sind Sie voller Angst, Sorgen, Begehren oder Verlangen, können Sie nicht friedvoll sein. Doch die Einsicht vertreibt Angst und Verlangen und Sie sind frei; und wahre Freude, echtes Glück stellen sich ein. Die Übung der Meditation – bestehend aus Loslassen, Achtsamkeit, Konzentration und Einsicht – ist die Übung wahrer Liebe.

DIE VIER ELEMENTE
WAHRER LIEBE

Wahre Liebe macht uns glücklich. Tut sie das nicht, ist es keine Liebe; es ist dann etwas anderes.

Das Wort Liebe hat so viele Bedeutungen. Wir sprechen davon, dass wir Eis oder ein Paar Jeans oder einen bestimmten Film lieben. Wir haben das Wort missbraucht und müssen es heilen. Worte können krank werden und ihre Bedeutung verlieren. Wir müssen die Worte entgiften, damit sie wieder gesunden.

Wahre Liebe besteht aus liebender Güte *(maitri)*, Mitgefühl *(karuna)*, Freude *(mudita)* und Gleichmut *(upeksha)*. Mit wahrer Liebe gehen Freude und Frieden einher, und sie lindern Leid. Sie brauchen keinen anderen Menschen, um sich in Liebe zu üben. Lernen Sie, sich selbst zu lieben. Haben Sie damit Erfolg, wird es sehr einfach für Sie sein, einen anderen Menschen zu lieben. Ihre Liebe wird wie das helle Licht einer Lampe sein; es wird viele, viele Menschen glücklich machen.

Der Heilige Geist besteht aus Achtsamkeit, Konzentration und Einsicht. Üben Sie sich in den vier Eigenschaften wahrer Liebe, so ist Ihre Liebe heilend und transformierend, und ihr wohnt das Element des Heiligen inne. Dann wird auch sexuelle Intimität etwas sehr Schönes. Liebe ist etwas Wunderbares. Sie gibt uns die Fähigkeit, Freude und Glück anzubieten,

Leiden zu lindern und alle begrenzenden Trennungen zu überwinden.

Liebende Güte

Maitri, liebende Güte, ist das erste Element der Liebe. Das Wort *maitri* leitet sich von dem Sanskrit-Wort *mitra* ab, was Freund bedeutet. Liebe ist also Freundschaft; eine Freundschaft, die zu Glück führen soll. Welchen Sinn hätte sie sonst? Ein Freund, eine Freundin zu sein bedeutet, Glück anzubieten. Tut Liebe das nicht, sondern führt sie dazu, dass der andere Mensch die ganze Zeit traurig ist und weint, dann ist sie keine Liebe, nicht Maitri, sondern das Gegenteil.

Maitri wird im Deutschen meist als „liebende Güte" übersetzt, als Fähigkeit, Glück anzubieten. Wahre Liebe muss dieses Element beinhalten. Liebe bedeutet nicht nur die Liebe für einen anderen Menschen. Selbstliebe ist die Grundlage dafür, einen anderen Menschen zu lieben. Wenn Sie nicht wissen, wie Sie sich selbst lieben und glücklich machen können, wie können Sie da eine andere Person lieben und glücklich machen? Wenn Sie nichts über Glück wissen, wie können Sie es dann anbieten? Leben Sie in einer Weise, die in Ihnen Freude und Glück hervorbringt, so werden Sie imstande sein, sie auch einem anderen Menschen anbieten zu können.

Wir wissen, dass Glück etwas mit Leiden zu tun hat. Verstehen wir nicht, was Leiden ist, können wir nicht wissen, was Glück ist. Leiden verstehen ist die Grundlage des Glücks. Wissen Sie nicht, wie Sie mit einem schmerzvollen Gefühl umgehen können, wie können Sie dann einem anderen Menschen dabei helfen? Selbstliebe ist also ganz wesentlich für die Liebe zu einem anderen Menschen. Eine erfolgreiche Beziehung hängt davon ab, ob wir unsere eigenen schmerzvollen Gefühle erkennen und sie nicht bekämpfen, sondern sie annehmen, umarmen und transformieren, um Linderung zu erfahren.

Mitgefühl

Das zweite Element der Liebe ist Karuna, was im Deutschen meist als „Mitgefühl" übersetzt wird. Karuna ist die Fähigkeit, Leiden zu mindern – es zu transformieren. Leidet jemand, den Sie lieben, wollen Sie hilfreich für ihn sein. Doch wenn Sie gar nicht wissen, wie Sie mit Ihrem eigenen Leiden umgehen können, wie sollten Sie dann einem anderen Menschen zu helfen vermögen, mit seinem Leiden umzugehen? Zuallererst müssen wir uns mit dem eigenen Leiden befassen. Wann immer ein schmerzvolles Gefühl in uns entsteht, sollten wir mit ihm präsent sein – es nicht bekämpfen, sondern erkennen.

Wir können lernen, wie wir das Leiden umarmen und annehmen können, und dabei Achtsamkeit, Konzentration und Einsicht nutzen, um seine Natur zu verstehen. Das wird uns Erleichterung schenken. Die Lehre des Buddha ist sehr klar und konkret. Er sagt nicht einfach, wir sollten lieben, sondern er sagt uns, wie wir das tun sollten. Er sagt uns nicht einfach, wir könnten unser Leiden transformieren, er sagt uns genau, wie – Schritt für Schritt.

Wir müssen das Leiden, den Schmerz nicht einfach nur erkennen, nein, wir müssen uns Zeit dafür nehmen, damit umzugehen und sie zu transformieren. Achtsamkeit und Konzentration nutzend können wir unsere eigenen Gefühle der Freude und des Glücks nähren. Wissen wir um die Kunst des Loslassens, die Kunst der Achtsamkeit, Konzentration und Einsicht, können wir jederzeit Gefühle der Freude und des Glücks hervorbringen.

Das englische Wort *compassion* (Mitgefühl) bringt nicht ganz genau die Bedeutung von Karuna zum Ausdruck. Die Vorsilbe „com" bedeutet „zusammen" und „passion" bedeutet „leiden". „Compassionate" zu sein bedeutet also, mit dem anderen Menschen zusammen zu leiden, wie es auch in dem deutschen Wort Mitleid zum Ausdruck kommt. Doch Karuna erfordert kein Leiden. Karuna beinhaltet die Fähigkeit, das Leiden in sich und in dem anderen Menschen zu lindern. Kennen Sie die Übung des achtsamen Atmens, des zärtlichen Umfangens Ihres Schmerzes und Ihrer Sorgen, des tiefen Schauens in die Natur des Leidens, können Sie das Leiden transformieren und Linderung erfahren. Sie müssen nicht leiden, und Sie müssen auch nicht mit dem anderen Menschen mit-leiden. Sie beide können sich in dieser Weise üben. Nehmen wir an, Sie sind eine mitfühlende Ärztin. Wenn dann ein Patient kommt und sich über Schmerzen und Angst beklagt, müssen Sie selbst als gute Ärztin nicht mit diesem Menschen leiden, um freundlich zu ihm zu sein.

Wir müssen zwischen dem Willen, zu lieben, und der Fähigkeit, zu lieben, unterscheiden. Sie sind vielleicht durch Ihren Willen, zu lieben, motiviert, doch wenn das Ihre einzige Motivation ist, wird der andere Mensch leiden. Der Wille, zu lieben, ist noch keine Liebe. Viele Eltern lieben ihre Kinder. Doch lassen sie sie im Namen der Liebe oft sehr leiden. Vielfach sind sie nicht in der Lage, das Leiden ihrer Kinder, deren Schwierigkeiten, Hoffnungen und Strebungen zu verstehen. Wir müssen uns fragen: „Liebe ich den anderen Menschen wirklich, begegne ich ihm mit Verstehen oder projiziere ich einfach meine eigenen Bedürfnisse auf ihn?"

Liebe ist nicht einfach nur der Wille oder die Intention, jemanden glücklich zu machen, sondern beinhaltet die Fähigkeit, es auch wirklich zu tun. Diese Fähigkeit, zu lieben, ist etwas, das Sie lernen und kultivieren müssen. Betrachten Sie sich selbst und erkennen Sie Ihr eigenes Leiden. Erkennen, umarmen und transformieren Sie Ihr Leiden und Ihre Schwierigkeiten, lieben Sie sich selbst. Auf diese Erfahrung gegründet, werden Sie einem anderen Menschen dabei helfen können, es Ihnen nachzutun; und Sie werden ein Gefühl der Freude und des Glücks hervorrufen.

Freude

Freude, Mudita, ist das dritte Element wahrer Liebe. Liebe sollte uns Freude bereiten. Führt Liebe nur zu Tränen, warum sollten wir dann lieben? Schenken Sie sich selbst Freude, wissen Sie, wie Sie auch Ihrem Partner, Ihrer Partnerin und der Welt Freude schenken.

Mudita wird im Allgemeinen als „Mitfreude" oder „altruistische Freude" übersetzt. Ich mag diese Übersetzungen nicht so sehr, denn wenn Sie selbst keine Freude haben, können Sie auch keine Freude anbieten, können Sie sich nicht mitfreuen. Freude ist für Sie, aber sie ist auch für mich. Wahre Übende wissen, wie sie sich selbst Freude bereiten können. Wir müssen nicht von altruistischer Freude sprechen. Freude ist einfach Freude. Sind Sie wirklich freudvoll, mit einer gesunden Freude, dann nutzt das auch anderen. Sind Sie ohne Freude, ohne Frische, ohne ein Lächeln, dann hilft das niemandem. Wohnen Ihnen Freude und Frische inne, profitieren wir von Ihnen, selbst wenn Sie gar nichts tun.

Gleichmut

Das vierte Element wahrer Liebe ist Upeksha, was Gleichmut oder nichtunterscheidende Offenheit bedeutet. Das ist die Grundlage wahrer Liebe. In wahrer Liebe gibt es keine Trennung zwischen dem, der liebt, und der, die geliebt wird. Ihr Leiden ist mein eigenes Leiden. Mein Glück ist ihr Glück. Liebende und Geliebter sind eins. Da gibt es keine Trennung mehr. Wahrer Liebe wohnt dieses Element der Beseitigung des Selbst inne. Glück ist keine individuelle Angelegenheit mehr. Leiden ist auch nicht länger eine individuelle Angelegenheit. Es gibt zwischen uns keine Trennung mehr.

Eine andere Möglichkeit, Upeksha zu übersetzen, ist „das, was alles einschließt". In wahrer Liebe schließen Sie nichts mehr aus. Ist Ihre Liebe wahre Liebe, so wird sie nicht nur Menschen, sondern auch Tieren, Pflanzen und Mineralien gut tun. Lieben Sie einen

Menschen, ist das eine Gelegenheit, jeden und jede zu lieben, alle Wesen. Dann gehen Sie in eine gute Richtung, und das ist die Richtung wahrer Liebe. Doch wenn Sie jemanden lieben und sich dabei in Leid und Anhaftung verfangen, dann schneiden Sie sich von anderen ab. Das ist keine wahre Liebe.

Das kostbarste Geschenk der Achtsamkeit ist die Weisheit der Nichtunterscheidung, der unvoreingenommenen Offenheit. Wir sind nicht edel durch unsere Geburt. Wir sind nur edel durch die Art und Weise, wie wir denken, sprechen und handeln. Jemand, der oder die sich in wahrer Liebe übt, verfügt über diese Weisheit nichtunterscheidender, unvoreingenommener Offenheit, und diese durchdringt all seine oder ihre Handlungen. Sie unterscheiden nicht zwischen sich, Ihrem Partner, Ihrer Partnerin, allen Menschen und allen Lebewesen. Ihr Herz ist groß und weit geworden und Ihre Liebe kennt keine Hindernisse mehr.

Das Geheimnis, wie wir tiefe, gesunde Beziehungen nähren können, liegt darin, die vier Elemente wahrer Liebe – liebende Güte, Mitgefühl, Freude und Gleichmut – zu kultivieren. Üben Sie sich regelmäßig in diesen Elementen, können Sie mit den Schwierigkeiten in Ihren Beziehungen besser umgehen und Sie können Ihr inneres Leid transformieren. Sie werden

wie ein Buddha. Sie lieben jedes Wesen und jede Spe-
zies. Ihre Gegenwart in der Welt wird sehr wichtig,
denn Ihre Gegenwart beinhaltet die Gegenwart der
Liebe.

UNSER WAHRES GELÖBNIS

Bleib nicht in Gesellschaft derer, die nicht den wahren Lehren folgen. Lass dich nicht auf den Weg der Anhaftung zerren. Hat der Praktizierende die Zeit noch nicht transzendiert, ist er noch in dualistischen Sichtweisen verfangen.

Sutra über das Netz sinnlicher Liebe, 23. Vers

In diesem Sutra geht es vor allem um sinnliche Liebe und sexuelles Begehren, doch diese Lehren lassen sich ebenso auf das Verlangen nach Macht, Ruhm, Geld und gutem Essen anwenden. Wir wissen genau, dass unser Magen revoltiert, wenn wir bestimmte Nahrung zu uns nehmen, aber wir tun es trotzdem. Unser Ausweg ist, dass wir über den äußeren Schein hinaussehen. Äußerlich mag etwas sehr angenehm erscheinen. Doch wir müssen genauer schauen und unser tiefes Verstehen nutzen, um die oberflächlichen Aspekte der Objekte unseres Verlangens zu erkennen. Unser Verlangen können wir durch Verstehen überwinden.

Kommen unsere Sinne in Berührung mit etwas, schenken wir dem Aufmerksamkeit. Ganz automatisch verbinden wir ein Gefühl oder ein Urteil mit dem Objekt unserer Aufmerksamkeit und erleben es als angenehm, unangenehm oder als neutral. Dieses Gefühl bringt eine Wahrnehmung mit sich. Wenn wir etwas als unangenehm ansehen, wollen wir es zurückweisen oder lehnen wir es ab. Etwas Angenehmes dagegen wollen wir haben.

Unser tiefstes Verlangen, das uns motiviert und die Richtung unseres Handelns bestimmt, wird Wollen oder Aspiration genannt. Es kann positiv oder negativ sein. Das ist die Energie, die uns lebendig erhält. Wir wollen etwas mit unserem Leben anfangen. Bewegen uns dabei Mitgefühl und wahre Liebe, haben wir ein heilsames Wollen. Doch treibt uns unser Verlangen in ein negatives Umfeld und negative Situationen, die uns weder Freude noch Mitgefühl bringen, ist dieses Wollen kein nährendes, sondern es schadet uns.

Bei der sinnlichen Liebe kann dies wie eine Krankheit namens „Liebeskummer" erscheinen. Wir sind abhängig von dem Schatten einer Figur und können sie nicht vergessen. Haben wir uns im Netz sinnlichen Begehrens verfangen, tragen alle unsere Wünsche und Wahrnehmungen die Farbe sinnlicher Liebe. Wenn wir gehen, denken wir an sie; wenn wir sitzen, denken wir an sie. Betrachten wir den Mond, erinnert auch er uns daran, ebenso wie eine Wolke, die wir betrachten. Der Geist sinnlicher Liebe ist ein Strom; er ist kein Klotz oder ein Erdklumpen. Der Strom reißt unsere Gedanken, Wahrnehmungen und alltäglichen Handlungen mit sich fort.

Tiefe Aspiration

Was ist unsere Aspiration? Ist es Erwachen, Achtsamkeit oder die Linderung von Leid? Wollen wir wirklich unsere größte Aspiration verwirklichen? Wenn wir das wahrhaft wollen, warum nur gehen wir dann einen Pfad, der in ganz andere Richtung führt und uns ohne genügend Energie lässt, zu praktizieren und uns selbst und anderen zu helfen?

Der Bodhisattva Kshitigarbha, der diese starke Aspiration verkörpert, gelobte: „Wo immer es Leid gibt, dort gelobe ich, hinzugehen und zu helfen; Menschen zu helfen bringt mir Erfüllung, Zufriedenheit und Glück." Eine tiefe Aspiration wie diese hilft anderen und schenkt Ihnen zur gleichen Zeit Erfüllung und Zufriedenheit. Haben Sie und Ihr Partner, Ihre Partnerin eine solche tiefe Aspiration, werden Sie sich nicht nur gegenseitig in Ihrem Glück unterstützen, Sie werden auch der Welt mehr Glück schenken, auf Wegen, die Sie allein nicht beschreiten könnten.

Besteht Ihre Aspiration darin, von großer Achtsamkeit und Liebe erfüllt zu werden, so nennt man diese Aspiration *bodhicitta*, Erleuchtungsgeist oder auch Anfänger-Geist, Geist der Liebe. Es ist das Verlangen, das Leiden anderer zu lindern und ihnen beim Erwachen zu helfen. Wir sollten so leben, dass wir diese Aspiration mit jedem Tag mehr festigen. Wird sie schwächer und kraftloser, werden wir auf unserem Übungspfad nicht erfolgreich voranschreiten können. Wir müssen uns jeden Tag in Achtsamkeit üben, um unsere Aspiration erfüllen zu können. Wir müssen ihr geduldig folgen, doch verlieren wir dabei nicht den gegenwärtigen Moment – wir genießen den gegenwärtigen Moment und wir nutzen ihn, um unser tiefstes Verlangen zu verwirklichen.

Unsere tiefste Aspiration ist eine überaus reiche Energiequelle. Ohne Aspiration verdorren wir und verlieren unsere Vitalität. Wir müssen auf diese innere Quelle der Vitalität gut achthaben. Ist sie groß und stark genug? Haben wir nicht genügend Energie, sind wir noch nicht ausreichend gefestigt. Ein Sturm kann uns noch immer umwehen.

Jedem und jeder von uns wohnt ein großes Wesen, friedvoll, voller Licht, Verstehen und Mitgefühl inne. Dieses Wesen hat ein Schwert des Verstehens in den Händen, das die Fesseln des Leidens durchtrennt. Tiefes Verstehen erhellt uns den Weg aus unserem Gefängnis. Wir entdecken die Leichtigkeit und das Mitgefühl, die wir brauchen, um einen anderen Menschen lieben zu können. Wir können dieses große Wesen in uns erwecken und unsere wahre Aspiration verwirklichen, ohne Zerstreuung oder Beeinträchtigung.

Teilen Sie und Ihr Partner, Ihre Partnerin eine Aspiration und eine Übungspraxis, dann lässt das keinen Platz für Eifersucht, denn Sie beide vertrauen der gleichen Aspiration. Was immer Ihr Partner, Ihre Partnerin tut, Sie tun es mit ihm oder ihr. Sie teilen alles. Das ist der Geist von Upeksha. Er macht Treue möglich.

Natürlich haben Sie noch Ihre Freiheit ebenso wie Ihr Partner, Ihre Partnerin. Liebe ist kein Gefängnis. Wahre Liebe gibt uns viel Raum. Sie sind spirituell, emotional und auch physisch miteinander verbunden, von daher müssen Sie nicht stets am selben Ort sein oder dieselben Dinge tun. Sie sind nicht besorgt, wenn Ihr Liebster, Ihre Liebste heute hier ist und Sie dort.

Den inneren Buddha erwecken.
Der Name „Buddha" bedeutet „einer, der erwacht ist". Als Siddhartha zur Wirklichkeit der ihn umgebenden Welt erwachte und gelobte, jeden Augenblick voll zu leben, war er fünfunddreißig Jahre alt. In dem Alter sind die meisten von uns noch voller sexueller Energie. In Plum Village leben viele junge Mönche und Nonnen voller sexueller Energie, so wie alle anderen auch. Doch sie üben sich darin, diese Energie auf ihre große Aspiration hin auszurichten und zu kanalisieren, und werden so nicht von ihr manipuliert. Wir können sexuelle Energien sogar zur Unterstützung auf dem

spirituellen Pfad nutzen. Die Wurzel sinnlicher Liebe auszugraben bedeutet nicht, dass wir unsere sexuellen Energien eliminieren. Stattdessen helfen uns Einsicht und Mitgefühl, mit unseren sexuellen Energien in geschickter Weise umzugehen.

Erwachen ist eine Frage der Einsicht. Verfügen wir über Einsicht, können wir mit vorhandenen sexuellen Energien leicht umgehen. Das Sutra spricht von der Entwurzelung der Energien sexuellen Begehrens. Das bedeutet nicht, dass wir sie in harter Weise vollkommen abschneiden oder eliminieren. Kommt in uns rastlose sexuelle Energie auf, schenken wir ihr unsere Aufmerksamkeit voller Verstehen und Liebe, sodass sie sich auflöst und nicht weiter anwächst.

Ein Vollzeit-Buddha

Wenn Sie mit der Achtsamkeitsübung beginnen, sind Sie ein Teilzeit-Buddha. Allmählich werden Sie zu einem Vollzeit-Buddha. Manchmal sind Sie ein Buddha, dann wieder erleben Sie einen Rückfall; werden mit weiterer Praxis aber wieder ein Buddha. Buddhaschaft ist in unserer Reichweite, denn genauso wie der Buddha, sind Sie ein menschliches Wesen. Sie können ein Buddha werden, wann immer Sie wollen. Der Buddha ist für Sie verfügbar im Hier und Jetzt, zu jeder Zeit und an jedem Ort.

Sind Sie ein Teilzeit-Buddha, verläuft Ihre Liebes-
beziehung vielleicht zeitweilig gut. Als Vollzeit-Buddha können Sie Wege finden, ganztägig glücklich und
gegenwärtig in Ihrer Beziehung zu leben, ungeachtet
möglicher Probleme und Schwierigkeiten.

Ein Buddha zu werden ist gar nicht so schwierig.
Ein Buddha ist jemand, der erleuchtet ist und fähig, zu
lieben und zu vergeben. Sie wissen, dass es Zeiten gibt,
an denen Sie genau so sind. Genießen Sie also, ein
Buddha zu sein, wann immer Sie können. Erlauben
Sie dem Buddha in Ihnen zu sitzen, wenn Sie sitzen.
Gehen Sie, erlauben Sie dem Buddha in Ihnen zu gehen. Genießen Sie Ihre Praxis. Wenn Sie kein Buddha
werden, wer sollte es dann werden?

Um ein Buddha zu sein, müssen wir drei Dinge tun.
Wir müssen die Stricke unseres sinnlichen Begehrens
entwirren, treu zu unserer tiefsten Aspiration stehen
und uns von dualistischem Denken befreien.

Jeder Mensch enthält in sich die Samen der Gutheit, Freundlichkeit und Erleuchtung. Wir alle haben
die Samen der Buddhanatur in uns. Damit der Buddha
die Chance zur Manifestation hat, müssen wir diese
Samen wässern. Wenn wir in dem Bewusstsein handeln, dass Menschen diese Samen in sich tragen, gibt
das sowohl uns als auch ihnen die Stärke und Energie,
dass diese Samen wachsen und erblühen. Handeln wir

so, als glaubten wir nicht an unsere innere Gutheit und die der anderen, dann machen wir uns und anderen Vorwürfe wegen unseres Leidens – und wir verlieren unser Glück.

Sie können Ihre innere Gutheit nutzen, um Ihr Leiden zu transformieren wie auch Ihre Neigung, wütend, brutal und voller Angst zu sein. Doch werfen Sie Ihr Leiden nicht fort. Nutzen Sie es. Ihr Leiden ist der Kompost, der Sie verstehen lässt, wie Sie Ihr Glück und das Ihrer Liebsten nähren können.

TREUE

Lassen wir die Begierden hinter uns, folgen wir nicht
den Spuren der Liebe, zertrennen wir das Netz der Liebe,
und nichts kann uns mehr schaden.
Sutra über das Netz sinnlicher Liebe, 21. Vers

Sich an einen anderen Menschen zu binden bedeutet, sich auf eine abenteuerliche Reise zu begeben. Da gibt es keine „richtige Person", bei der es einfacher wäre. Sie müssen sehr weise und sehr geduldig sein, um Ihre Liebe lebendig zu erhalten, damit sie lange Zeit halten wird.

Schon das erste Beziehungsjahr macht deutlich, wie schwierig das ist. Zu Beginn haben Sie ein wundervolles Bild vom anderen, und Sie binden sich an dieses Bild statt an den realen Menschen. Wenn Sie mit ihm dann vierundzwanzig Stunden am Tag zusammenleben, entdecken Sie allmählich, wie er wirklich ist und dass dies nicht mit dem Bild, welches Sie sich von ihm gemacht haben, übereinstimmt. Manchmal sind Sie dann enttäuscht.

Am Anfang einer Beziehung sind Sie voller Leidenschaft. Doch mag diese Leidenschaft nur kurze Zeit andauern – vielleicht sechs Monate, ein Jahr oder zwei Jahre lang. Dann wird, sofern Sie sich nicht in Achtsamkeit, Konzentration und Einsicht üben, in Ihnen und dem anderen Menschen Leid entstehen. Wenn

Sie dann jemand anderem begegnen, denken Sie vielleicht, dass Sie mit ihm oder ihr womöglich glücklicher wären. In Vietnam gibt es einen Ausspruch, der lautet: „Wenn man auf einem Berggipfel stehend auf einen anderen Gipfel schaut, denkt man, dass man bereits dort sei."

Wenn wir uns mit einem Partner, einer Partnerin in Treue verbinden, sei es in einer Hochzeitszeremonie oder in einer eher persönlichen, privaten Weise, dann tun wir das üblicherweise, weil wir glauben, wir könnten mit diesem Partner oder dieser Partnerin für den Rest unseres Lebens vertrauensvoll zusammenbleiben. Das ist eine Herausforderung, die eine fortwährende starke Übungspraxis erfordert. Viele von uns haben keinerlei Vorbilder von Loyalität und Treue, an denen wir uns orientieren könnten. Die US-Scheidungsrate liegt bei ungefähr fünfzig Prozent, und für nichtverheiratete Paare liegt die Trennungsrate ähnlich hoch oder sogar noch höher.

Wir vergleichen uns gern mit anderen und grübeln darüber nach, ob wir in einer Beziehung genug zu bieten haben. Viele von uns fühlen sich nicht wertvoll genug. Wir dürsten nach Wahrheit, Gutheit, Mitgefühl, spiritueller Schönheit, und wir sind sicher, dass es diese Dinge in uns nicht gibt, und so schauen wir uns im Außen danach um. Manchmal glauben wir, den idealen Partner, der all das verkörpert, was gut, schön und wahr ist, gefunden zu haben. Dieser Mensch mag eine Geliebte, ein Freund oder eine spirituelle Lehrerin sein. Wir sehen all das Gute in diesem Menschen, und wir verlieben uns in ihn. Nach einer Weile entdecken wir gewöhnlich, dass wir diesen Menschen falsch wahrgenommen haben, und wir sind enttäuscht.

Schönheit und Gutheit sind in jedem, in jeder von uns. Ein wahrer spiritueller Partner ist jemand, der Sie dazu ermutigt, auf der Suche nach Schönheit und Liebe tief in das eigene Innere zu schauen. Eine wahre Lehrerin ist jemand, die Ihnen hilft, den eigenen inneren Lehrer zu finden.

Tief verwurzeln

Um unserem Partner, unserer Partnerin in Treue verbunden zu bleiben und die heftigsten Stürme zu überstehen, brauchen wir tiefe Wurzeln. Warten wir damit, bis wir Probleme in der Partnerschaft bekommen, haben wir keine ausreichend starken Wurzeln ausgebildet, um dem Sturm zu widerstehen. Oft glauben wir zwar, wir seien in einem guten Gleichgewicht, doch tatsächlich ist dieses Gleichgewicht recht fragil. Ein Windstoß an die Spitzen unserer Äste reicht, dass wir umfallen. Bei manchen Bäumen sind die Wurzeln tief in der Erde, und deshalb sind sie gefestigt und stark.

Es gibt aber auch Bäume, die zwar stabil erscheinen, doch ein heftiger Sturm reicht, um sie umzustoßen. Bäume können einem gewaltigen Sturm nur widerstehen, wenn ihre Wurzeln tief sind.

Die erste Wurzel: Vertrauen

Wir glauben, wenn wir uns an einen anderen Menschen binden, bräuchten wir Vertrauen in ihn, um sicher zu sein, dass er unserer Treue wert ist. Doch so wie alle anderen auch ist die andere Person jemand mit Stärken und Schwächen. Setzen wir unseren Glauben und unser Vertrauen in einen Gott, dann verlieren wir diesen Glauben vielleicht später. Vertrauen wir einem Menschen, verlieren wir möglicherweise unser Vertrauen in ihn. Wir sollten in etwas Stabileres und Dauerhafteres Vertrauen haben. Wir müssen Vertrauen in uns und den Buddha in uns setzen.

Erleben wir Menschen, die über die Fähigkeit, Glück zu schaffen, verfügen, gibt uns das Vertrauen in unsere eigene Buddhanatur. Dieses Vertrauen ist keine Theorie, es ist etwas Reales. Wir können uns umschauen und sehen, dass ein Mensch, der glücklich und mitfühlend lebt, andere glücklich zu machen vermag. Jemand, der nicht imstande ist, zu verstehen und zu lieben, leidet und verursacht, dass auch andere leiden.

Im Kalama Sutra gibt es einen Abschnitt, wo ein junger Mensch zum Buddha sagt: „Uns kommen viele spirituelle Lehrer besuchen. Viele von ihnen behaupten, dass ihr Weg der wahre Weg sei und wir ihnen folgen sollten. Wir wissen nicht, wem wir folgen sollen. Bitte Buddha, lehre uns, was wir tun sollen."

Der Buddha sagte: „Glaubt nicht etwas, nur weil ein berühmter spiritueller Lehrer es gesagt hat. Glaubt nicht etwas, nur weil es niedergeschrieben wurde. Glaubt nicht an etwas, nur weil alle daran glauben. Glaubt nicht an etwas, weil es zum Brauchtum gehört. Hören wir etwas, sollten wir es genau untersuchen, es verstehen und anwenden. Wenn das, was wir anwenden, ein Ergebnis zeitigt, dann können wir darauf vertrauen. Zeitigt es kein Ergebnis, dann sollten wir dem nicht vertrauen, nur wegen der Gepflogenheiten, der Schriften oder einiger spiritueller Lehrer."

Die zweite Wurzel: Übungspraxis

Ungeachtet, wie sehr wir uns wünschen, in einer gesunden Beziehung zu leben, es gibt so viele äußere Botschaften, die uns lehren, unseren Begierden zu folgen. Wir sind so voller alter Gewohnheiten. Ohne Achtsamkeitspraxis werden unser Verlangen und unsere sinnlichen Begierden uns überwältigen. Glück besteht aus unserer Achtsamkeit, Konzentration und

Einsicht. Jedes Mal, wenn wir Sitz- oder Gehmeditation üben, die Atemachtsamkeit, liebevolles Sprechen oder tiefes Zuhören oder eine andere Achtsamkeitsübung, werden unsere Wurzeln stärker und tiefer, und wir gewinnen an Festigkeit und Stärke.

Durch achtsames Atmen beruhigen wir den Aufruhr und den Kummer in unserem Geist, sobald sie sich zeigen. Sind wir in unserer Übung anfangs noch nicht erfolgreich, machen wir einfach weiter, bis wir die Ergebnisse sehen. Erkennen wir, dass die Praxis wirkt, wächst allmählich unser Vertrauen in sie. Unser Vertrauen ist immer auf Erfahrung gegründet. Wir glauben nicht daran, nur weil es von anderen viele Male gesagt wurde.

Die dritte Wurzel: Die Unterstützung durch die Gemeinschaft

In einer Beziehung, in der Sie und Ihr Partner, Ihre Partnerin dieselbe Aspiration teilen, werden Sie eins, und Sie werden zusammen zu einem Instrument der Liebe und des Friedens. Was immer Sie tun, tun Sie zusammen, weil Sie eine Gemeinschaft, eine Sangha von zwei Menschen oder drei oder vier oder hundert Menschen sind, die an dasselbe glauben: dass wir die Fähigkeit besitzen, besser zu verstehen, besser zu lieben und glücklicher zu sein.

Das Erste, was der Buddha nach seiner Erleuchtung tat, war, sich nach Gefährten umzuschauen, mit denen er eine Sangha bilden könnte. Wir können ohne Zuflucht kein Glück finden. Ich lebe in einer Gemeinschaft von Mönchen, Nonnen und Laien im Plum Village Meditationszentrum im Südwesten Frankreichs. Meine Gemeinschaft ist mein wahres Zuhause. Selbst wenn Sie nur zu zweit sind: Nähren Sie Freude und Achtsamkeit des jeweils anderen, haben Sie eine Sangha, eine achtsame Gemeinschaft. Besteht Ihre Sangha nur aus zwei Personen, ist das eine ganz kleine Sangha. Haben Sie ein Kind, so hat Ihre Sangha schon drei Mitglieder. Leben Sie noch mit mehr Menschen zusammen, besteht Ihre Sangha aus vier, fünf oder mehr Menschen. Ihre Familie ist Ihr Zuhause, Ihre Zuflucht.

Mit unserem Vertrauen in unsere Gemeinschaft von zwei oder mehr Menschen können wir überall hingehen. Die Sangha ist wie die Erde. Sie kann so viel aufnehmen und kann tiefe Wurzeln umfangen. Diese Wurzeln reichen tief in die gesamte Gemeinschaft hinein. Reichen unsere Wurzeln tief in die Sangha hinein, beginnen unsere Wurzeln Nährstoffe aus dem Sangha-Körper zu beziehen, die uns stärken und aufrecht stehen lassen.

Wenn die drei Wurzeln – die Wurzeln des Vertrauens, der Übungspraxis und der Unterstützung durch die Gemeinschaft – uns tief nähren, sind wir gefestigt, und zwar sowohl allein als auch in unseren Beziehungen. Wir werden nicht nur überleben, sondern erblühen. Kein Orkan kann uns umwerfen. In unserem täglichen Leben geht es uns oft nur ums Überleben. Doch Treue ist keine Frage des Überlebens, sondern eine der Vitalität.

Zwei Gärten

Sie haben zwei Gärten, Ihren eigenen und den Ihres Geliebten, Ihrer Geliebten. Als Erstes müssen Sie sich um Ihren eigenen Garten kümmern und die Kunst des Gärtnerns beherrschen. In jedem von uns gibt es Blumen und Abfall. Der Abfall sind unsere Wut, Ängste, unsere Eifersucht, unsere Unterscheidungen. Wässern Sie den Abfall, stärken Sie die negativen Samen. Gießen Sie die Blumen des Mitgefühls, der Liebe und des Verstehens, stärken Sie die positiven Samen. Es liegt an Ihnen, was Sie wachsen lassen. Wissen Sie nicht, wie Sie in Ihrem eigenen Garten selektiv wässern, werden Sie auch nicht über genügend Weisheit beim Gießen der Blumen im Garten Ihrer Geliebten verfügen. Sorgen Sie gut für Ihren Garten, tragen Sie zur Kultivierung auch ihres Gartens bei.

Schon eine Übungswoche kann einen großen Unterschied bedeuten. Sie schaffen das. Jedes Mal, wenn

Sie achtsam gehen, mit Ihrem Körper und Geist vollkommen bei jedem Schritt sind, haben Sie die Situation in der Hand. Jedes Mal, wenn Sie einatmen und wissen, dass Sie einatmen, jedes Mal, wenn Sie ausatmen und Ihrem Ausatmen zulächeln, sind Sie Ihr eigener Herr, und Sie sind der Gärtner in Ihrem eigenen Garten. Wir verlassen uns darauf, dass Sie sich gut um Ihren Garten kümmern, sodass Sie auch Ihrer Geliebten helfen können, sich um ihren zu kümmern.

Leben Sie in einer schwierigen Beziehung, wollen aber mit dem anderen Menschen in Frieden sein, dann müssen Sie zu sich selbst nach Hause zurückkehren. Gehen Sie heim in Ihren Garten und kultivieren Sie die Blumen des Friedens, des Mitgefühls, des Verstehens und der Freude. Nur dann können Sie sich geduldig und mitfühlend Ihrem Partner zuwenden.

Wenn wir uns an jemanden binden, versprechen wir, zusammen zu wachsen und die Früchte und Fortschritte der Praxis miteinander zu teilen. Unsere Verantwortung ist es, uns umeinander zu kümmern. Jedes Mal, wenn unser Partner, unsere Partnerin Schritte in Richtung Veränderung und Wachstum macht, sollten wir dafür unsere Wertschätzung zeigen.

Sind Sie bereits seit einigen Jahren in einer Partnerschaft, haben Sie vielleicht den Eindruck, dass Sie über diesen Menschen alles wüssten. Doch das ist nicht wahr. Wissenschaftler können ein Staubteilchen jahrelang studieren und sie können noch immer nicht behaupten, es vollkommen zu verstehen. Wenn ein Staubteilchen dermaßen komplex ist, wie könnten Sie dann alles über einen anderen Menschen wissen? Ihr Partner, Ihre Partnerin braucht Ihre Aufmerksamkeit und das Wässern seiner oder ihrer positiven Samen durch Sie. Ohne diese Aufmerksamkeit wird Ihre Beziehung verkümmern.

Wir müssen die Kunst erlernen, Glück zu schaffen. Wenn Sie in Ihrer Kindheit Ihre Eltern dabei beobachten konnten, dass sie Dinge taten, die der Familie Glück schenkten, wissen Sie bereits, was Sie tun müssen. Doch viele von uns haben diese Vorbilder nicht. Es geht nicht darum, richtig oder falsch zu sein, sondern darum, mehr, oder weniger geschickt zu sein. Das Zusammenleben ist eine Kunst. Trotz viel guten Willens können wir einen anderen Menschen durchaus unglücklich machen. Achtsamkeit ist der Pinsel in der Kunst der Achtsamkeit. Sind wir achtsam, sind wir geschickter, und das Glück erblüht.

Unser wahres Zuhause

Wir alle suchen nach einem Ort, an dem wir uns sicher und wohl fühlen, ein Zuhause, an dem wir wahrhaft wir selbst sein können. Werden wir in unserer Achtsamkeit zunehmend geschickter und stärken die Wurzeln der Treue, können wir mit unserem Partner, unserer Partnerin ganz entspannt sein. Alle Unruhe und Suche lösen sich auf und wir finden unser wahres Zuhause.

Unser wahres Zuhause ist in uns. Schauen wir unser eigenes Leiden, unsere Energien und Sichtweisen genau und ehrlich an, finden wir einen Frieden, der daher rührt, dass wir uns in unserem Körper wohl fühlen. Doch unser wahres Zuhause ist nicht nur in uns. Wenn wir uns wohl mit uns fühlen, können wir beginnen, das Leiden unseres Liebsten zu hören und seine Erfahrungen und Ansichten zu verstehen. Dann können wir wahrlich einander ein Heim sein. In Vietnam nennt jeder den anderen Ehepartner „mein Heim". Wird ein Mann gefragt: „Wo ist Ihre Frau?", sagt er vielleicht: „Mein Heim ist bei der Post." Fragt jemand eine Frau, woher sie etwas habe, antwortet sie vielleicht: „Mein Heim hat das gemacht." Wenn ein Ehemann seine Frau ruft: „Mein Heim?", antwortet sie: „Hier bin ich."

Wenn wir Achtsamkeit praktizieren, muss es keinen Konflikt zwischen dem wahren Zuhause in uns und dem wahren Zuhause mit unserem Partner geben. Da gibt es keinen Unterscheid, kein Verlangen. In unserem wahren gemeinsamen Zuhause gibt es nur Entspannung, Befreiung und Freude.

DAS SUTRA
ÜBER DAS NETZ DER
SINNLICHEN LIEBE

1. Wenn der Geist sich hin zu sinnlicher Liebe bewegt, wird der Baum sexueller Liebe emporschießen, und rasch werden die Knospen sprießen. Der Geist zerstreut sich, denn das Objekt sinnlicher Liebe erzeugt ein gefährliches Feuer in uns. Die, die nach sinnlicher Liebe Ausschau halten, sind wie Affen, die sich auf der Suche nach Früchten von Ast zu Ast schwingen.

2. Sinnliche Liebe bereitet uns Leid und bindet uns an das weltliche Leben. Sorgen und Unglück, verursacht von sinnlicher Liebe, entwickeln sich Tag und Nacht wie sich ausbreitendes Gras mit starken Wurzeln.

3. Von Anhaftung geblendet, verfallen wir früher oder später der sinnlichen Liebe. Ängste und Sorgen steigen Tag für Tag an, so wie Wasser in einen Teich Tropfen für Tropfen füllt.

4. Es gibt im Leben viele Sorgen, viel Leid, doch es gibt kein größeres Leid als das, was durch sinnliche Liebe entsteht. Nur wenn ein Praktizierender sich von aller sinnlichen Liebe frei machen kann, wird er von all seinen Sorgen befreit sein.

5. Wollen wir glücklich und voller Freude sein, müssen wir entschlossen alle Anhaftungen loslassen. Frei von Anhaftung sind wir nicht länger im Kreislauf des Samsara gefangen – nicht von Angst niedergedrückt, noch voller Unruhe nach dem suchend, was unheilsam ist. Das Fehlen von Anhaftung führt zu wahrem Frieden und echter Freude.

6. Haben wir uns tief in der Liebe verfangen, werden wir auf unserem Totenbett, umgeben von unseren Verwandten, erkennen, wie lang der vor uns liegende Weg von Sorge und Leid ist. Das Leiden, das von Liebe verursacht wird, führt oft zu gefährlichen Situationen und zahlreichen Verhängnissen.

7. Praktizierende sollten sich nicht in Richtung sinnlicher Liebe begeben. Wir müssen einen Weg finden, um den Baum sinnlicher Liebe vollkommen zu entwurzeln, sodass seine Wurzeln nicht mehr ausschlagen können; es ist nicht so einfach wie Schilf über dem Boden abzuschneiden.

8. Die Wurzeln sinnlicher Liebe sind tief und fest. Der Baum mag gefällt sein, doch die Äste und

Blätter schlagen erneut aus. Ist sinnliche Liebe nicht entwurzelt, wird das von ihr verursachte Leiden zurückkehren.

9. So wie ein Affe von Baum zu Baum springt, so springen Menschen von einem Gefängnis sinnlicher Liebe zum nächsten.

10. Der Geist sinnlicher Liebe ist wie ein Wasserstrom, der dem Verlauf der Gewohnheitsenergie und des Stolzes folgt. Unsere Gedanken und Wahrnehmungen werden von der Farbe sinnlicher Liebe befleckt; wir verbergen die Wahrheit vor uns selbst und können sie nicht sehen.

11. Der Geistesstrom fließt weiter frei, und die Knoten sinnlicher Liebe können sich entfalten und verhaken. Nur echte Einsicht vermag, diese Wirklichkeit klar zu erkennen und uns zu helfen, deren Wurzeln in unserem Geist zu durchtrennen.

12. Der Strom sinnlicher Liebe durchdringt unsere Gedanken und Wahrnehmungen, wird stärker und umschlingt sie. Seine Quelle ist bodenlos; mit ihm stellen sich Alter und Tod schnell ein.

13. Die Äste des Baumes sinnlicher Liebe wachsen, gestärkt durch diese Nährstoffe, weiter, und es entsteht ein Berg aus Hass und Groll. Diejenigen mit wenig Einsicht eilen in diese Richtung.

14. Für weise Menschen sind nicht die Ketten und Fesseln des Kerkers die härteste Einschränkung, Die Fesseln der Anhaftung sind die stärksten Stricke, die uns binden.

15. Die Weisen wissen, dass sinnliche Liebe der engste Kerker von allen ist. Daraus zu entkommen ist schwierig. Sie wissen, dass sie nur dann wirklich in Frieden sein können, wenn sie der sinnlichen Liebe ein Ende gesetzt haben.

16. Sehen wir ein Bild und lassen uns von ihm verführen, geschieht dies, weil wir nicht wissen, wie wir über Unbeständigkeit kontemplieren sollen. Unwissenderweise nehmen wir an, dass Form schön und heilsam sei. Wir wissen nicht, dass äußere Erscheinung nichts Wirkliches und Langandauerndes enthält.

17. Werden wir zu Gefangenen sinnlicher Liebe, sind wir wie eine Seidenraupe, die ihren eigenen Ko-

kon webt. Die Weisen sind imstande, die zu Begehren führenden Wahrnehmungen zu durchschneiden und loszulassen. An den Objekten sinnlicher Liebe nicht interessiert, vermeiden sie alles Leiden.

18. Unser Geist ist zerstreut; wir neigen dazu, das Objekt sinnlicher Liebe für etwas Reines zu halten, und wissen nicht, dass diese wachsende Anhaftung alle Freiheit vertreiben und viel Leid bringen wird.

19. Achtsame Menschen sind fähig, die unreine Natur des Objekts ihrer sinnlichen Liebe zu erkennen. Von daher können sie ihre Begierden loslassen, dem Kerker entkommen und dem Unglück von Alter und Tod entgehen.

20. Indem wir uns selbst im Netz sinnlicher Liebe fesseln oder Zuflucht unter seinem Schirm suchen, binden wir uns an den Kreislauf der Anhaftung wie ein Fisch, der in seine eigene Falle schwimmt. Verfangen in Alter und Tod, verlangt uns nach dem Objekt unserer Liebe wie ein Kalb nach dem mütterlichen Euter.

21. Lassen wir die Begierden hinter uns, folgen wir nicht den Spuren der Liebe, zertrennen wir das Netz der Liebe, und nichts kann uns mehr schaden.

22. Große und weise Menschen erlangen den Weg, befreien sich selbst von allen Anhaftungen und allem Leid und ebenso von allen Unterscheidungen und transzendieren alle dualistischen Sichtweisen.

23. Bleib nicht in Gesellschaft derer, die nicht den wahren Lehren folgen. Lass dich nicht auf den Weg der Anhaftung zerren. Hat der Praktizierende die Zeit noch nicht transzendiert, ist er noch in dualistischen Sichtweisen verfangen.

24. Wenn wir die Lehren des Buddha begreifen, erkennen und verstehen wir die wahre Natur der Dinge, ohne uns in ihnen zu verfangen. Wir wissen dann, wie wir die Schnüre sinnlicher Liebe in unserem Geist auftrennen können.

25. Die authentischen Lehren anzubieten ist das kostbarste Geschenk von allen. Der Duft der Moral ist der Duft, der am besten riecht. Das größte

Glück liegt darin, den authentischen Lehren entsprechend zu leben. Der sinnlichen Liebe ein Ende zu bereiten ist der endgültige Sieg über alles Leiden.

26. Die Menschen mit nur geringem Verständnis binden sich oft selbst mit den Stricken sinnlicher Liebe. Sie wollen noch nicht zum anderen Ufer übersetzen. Gier schafft großes Verderben und bringt ihnen und anderen großes Unglück.

27. Der gierige Geist ist wie die Erde; Gier, Wut und Unwissenheit sind die Samen. Das Glück, das von denen geerntet wird, die fähig sind, zu geben und zu dienen, ist unermesslich.

28. Mit wenigen Begleitern, doch reichlich Gütern wird der Händler ängstlich und voller Furcht. Weise laufen den Begierden nicht nach. Sie wissen, dass die Liebe zu sinnlichem Vergnügen ein Feind ist, der ihr Leben ruinieren kann.

29. Erfährt unser Geist Vergnügen, so entstehen die fünf Begierden. Der wahre Held setzt diesen Begierden rasch ein Ende.

30. Hört das Begehren auf, gibt es keine Angst mehr. Wir sind dann wirklich frei, friedvoll und glücklich. Hat der Praktizierende keine Begierden mehr, noch irgendwelche anderen geistigen Gebilde, hat er sich selbst aus der Hölle befreit.

31. Mein liebes sinnliches Begehren, ich kenne deine Quelle. Der begehrende Geist resultiert aus Lust und falschen Wahrnehmungen. Nun, wo ich keine Lust und keine falschen Wahrnehmungen mehr habe, wie kannst du da entstehen?

32. Wenn wir den Baum sinnlicher Liebe nicht an der Wurzel fällen, wird er erneut wachsen. Wenn ein Mönch oder eine Nonne ihn vollständig entwurzelt, wird er oder sie Nirwana erreichen.

33. Will jemand den Baum sinnlicher Liebe nicht an der Wurzel fällen, werden seine Äste und Blätter in größerem oder kleinerem Ausmaß wachsen. Ist unser Geist noch immer in sinnlicher Liebe verfangen, sind wie noch immer wie das Kälbchen, das fortwährend den mütterlichen Euter braucht.

ÜBUNGEN

Achtsames Atmen

Ich atme ein und beruhige meinen Körper.
Ich atme aus und lächle.
Im gegenwärtigen Moment verweilend,
weiß ich, dies ist ein wundervoller Moment.

Wir können während des ganzen Tages jederzeit achtsam atmen. Jedes Mal, wenn wir des Atems gewahr sind, können wir diese Zeilen rezitieren.

„Ich atme ein und beruhige meinen Körper." Diese Zeile ist, als tränken wir ein Glas kaltes Wasser. Sie spüren die frische Kühle, die Ihren Körper durchdringt. Wenn ich einatme und diese Zeile rezitiere, spüre ich tatsächlich, wie das Atmen meinen Körper und Geist beruhigt. „Ich atme aus und lächle." Mit einem Lächeln können wir Hunderte von Muskeln im Gesicht entspannen, und wir werden zum Meister unserer selbst. Darum lächeln der Buddha und die Bodhisattvas stets. „Im gegenwärtigen Moment verweilend, weiß ich, dies ist ein wundervoller Moment." Während ich hier sitze, denke ich an nichts anderes. Ich sitze hier, und ich weiß, wo ich bin. Es ist eine Freude, zu sitzen, stabil und entspannt, und zu uns selbst zurückzukehren – zu unserem Atmen, unserem Halblächeln, unserer wahren Natur. Wir können diese Momente genießen. Wir können uns fragen: „Wenn ich jetzt nicht Frieden und Freude habe, wann werde ich sie dann haben – morgen oder übermorgen? Was hindert mich daran, jetzt glücklich zu sein?" Wir können diese Verse auch in einer gekürzten Fassung rezitieren: „Beruhigen, lächeln, gegenwärtiger Moment, wundervoller Moment." Wo immer wir sind, was immer wir tun, wir können zu uns selbst zurückkehren und bewusst atmen.

Die Fünf Achtsamkeitsübungen

Die Fünf Achtsamkeitsübungen sind für alle gedacht, für Mönche und Nonnen und für Laien. Achtsamkeit ist die Energie, die Ihnen helfen kann, nach Hause zu sich selbst zurückzukehren, im Hier und Jetzt zu sein, sodass Sie wissen, was Sie tun und was Sie nicht tun, um sich selbst zu schützen, Ihr wahres Zuhause zu errichten, Ihr Leid zu transformieren und für andere Menschen ein Zuhause zu sein. Die Fünf Achtsamkeitsübungen sind ein sehr konkreter Weg der Achtsamkeitspraxis.

Studieren wir die Fünf Achtsamkeitsübungen, sehen wir sie als Möglichkeiten, den Pfad wahrer Liebe zu beschreiten. Die erste Übung ist die Praxis der Liebe, und das sind auch die zweite, dritte, vierte und fünfte. Durch die Praxis der Achtsamkeitsübungen werden Sie heilig. Heiligkeit ist uns allen möglich.

Ehrfurcht vor dem Leben
Die erste Achtsamkeitsübung

Im Bewusstsein des Leidens, das durch die Zerstörung von Leben entsteht, bin ich entschlossen, Mitgefühl und Einsicht in das „Intersein" zu entwickeln und Wege zu erlernen, das Leben von Menschen, Tieren, Pflanzen und unserer Erde zu schützen. Ich bin entschlossen, nicht zu töten, es nicht zuzulassen, dass andere töten, und keine Form des Tötens zu unterstützen, weder in der Welt noch in meinem Denken oder in meiner Lebensweise.

Im Wissen, dass schädliche Handlungen aus Ärger, Angst, Gier und Intoleranz entstehen, die ihrerseits dualistischem und diskriminierendem Denken entspringen, werde ich mich in Unvoreingenommenheit und Nichtfesthalten an Ansichten üben, um Gewalt, Fanatismus und Dogmatismus in mir selbst und in der Welt zu transformieren.

Wahres Glück
Die zweite Achtsamkeitsübung

Im Bewusstsein des Leidens, das durch Ausbeutung, soziale Ungerechtigkeit, Diebstahl und Unterdrückung entsteht, bin ich entschlossen, Großzügigkeit in meinem Denken, Reden und Handeln zu praktizieren. Ich bin entschlossen, nicht zu stehlen und nichts zu besitzen, was anderen zusteht. Ich werde meine Zeit, Energie und materiellen Mittel mit denen teilen, die sie brauchen. Ich werde mich in tiefem Schauen üben, um zu erkennen, dass das Glück und das Leiden anderer nicht getrennt sind von meinem Glück und meinem Leiden, dass wahres Glück nur möglich ist mit Verstehen und Mitgefühl und dass es viel Leiden und Verzweiflung bringen kann, hinter Reichtum, Ruhm, Macht und sinnlichem Vergnügen herzujagen. Ich bin mir bewusst, dass Glücklichsein von meiner geistigen Haltung und nicht von äußeren Umständen abhängig ist und dass ich glücklich im gegenwärtigen Augenblick leben kann, indem ich mich daran erinnere, dass ich bereits mehr als genug Bedingungen habe, um glücklich zu sein. Ich bin entschlossen, „Rechten Lebenserwerb" zu praktizieren, um so dazu beizutragen, das Leiden der Lebewesen auf dieser Erde zu verringern und den Prozess der globalen Erwärmung umzukehren.

Wahre Liebe
Die dritte Achtsamkeitsübung

Im Bewusstsein des Leidens, das durch sexuelles Fehlverhalten entsteht, bin ich entschlossen, Verantwortungsgefühl zu entwickeln und Wege zu erlernen, die Sicherheit und Integrität von Individuen, Paaren, Familien und der Gesellschaft zu schützen. Im Wissen, dass sexuelles Verlangen nicht Liebe ist und dass sexuelles Handeln, das durch Begierde motiviert ist, immer sowohl mir als auch anderen schadet, bin ich entschlossen, keine sexuelle Beziehung einzugehen ohne wahre Liebe und die Bereitschaft zu einer tiefen, langfristigen und verantwortlichen Bindung, von der meine Familie und meine Freunde wissen.

Ich werde alles tun, was in meiner Macht steht, um Kinder vor sexuellem Missbrauch zu schützen und um zu verhindern, dass Paare oder Familien durch sexuelles Fehlverhalten auseinanderbrechen. In dem Bewusstsein, dass Körper und Geist eins sind, bin ich entschlossen, geeignete Wege zu erlernen, um gut mit meiner sexuellen Energie umzugehen und die vier grundlegenden Elemente wahrer Liebe – liebevolle Güte, Mitgefühl, Freude und Unvoreingenommenheit – zu entwickeln, sodass mein eigenes Glück und das Glück von anderen wachsen kann. Indem wir wahre Liebe üben, werden wir auf sehr schöne Weise in die Zukunft fortbestehen.

Liebevolles Sprechen und tiefes Zuhören
Die vierte Achtsamkeitsübung
Im Bewusstsein des Leidens, das durch unachtsame Rede und aus der Unfähigkeit, anderen zuzuhören,

entsteht, bin ich entschlossen, liebevolles Sprechen und mitfühlendes Zuhören zu üben, um Leiden zu lindern und Versöhnung und Frieden in mir und zwischen anderen Menschen, ethnischen und religiösen Gruppen und Nationen zu fördern. Im Wissen, dass Worte sowohl Glück als auch Leiden hervorrufen können, bin ich entschlossen, wahrhaftig zu sprechen und Worte zu gebrauchen, die Vertrauen, Freude und Hoffnung wecken. Wenn Ärger in mir aufsteigt, bin ich entschlossen, nicht zu sprechen. Ich werde achtsames Atmen und Gehen praktizieren, um meinen Ärger zu erkennen und tief in seine Wurzeln zu schauen, besonders in meine falschen Wahrnehmungen und mein fehlendes Verständnis für mein eigenes Leiden und das der anderen Person. Ich werde in einer Weise sprechen und zuhören, die mir und dem anderen helfen kann, Leiden zu transformieren und einen Weg aus schwierigen Situationen zu finden. Ich bin entschlossen, keine Nachrichten zu verbreiten, wenn ich nicht sicher bin, dass sie der Wahrheit entsprechen, und Äußerungen zu unterlassen, die Trennung oder Uneinigkeit verursachen können. Ich werde „Rechtes Bemühen" praktizieren, um meine Fähigkeit zu Liebe, Verstehen, Freude und Unvoreingenommenheit zu nähren und um allmählich Ärger, Gewalt und Angst, die tief in meinem Bewusstsein liegen, zu verwandeln.

Nahrung und Heilung

Die fünfte Achtsamkeitsübung

Im Bewusstsein des Leidens, das durch unachtsamen Konsum entsteht, bin ich entschlossen, auf körperliche und geistige Gesundheit für mich selbst, meine Familie und meine Gesellschaft zu achten, indem ich achtsames Essen, Trinken und Konsumieren praktiziere. Ich werde mich darin üben, tief zu schauen, um meinen Konsum und meinen Umgang mit den vier Arten von Nahrung – Essbarem, Sinneseindrücken, Willenskraft und Bewusstsein – zu erkennen. Ich bin entschlossen, weder Alkohol noch Drogen oder andere Dinge zu benutzen, die Gifte enthalten, wie z. B. bestimmte Internetseiten, Glücksspiele, elektronische Spiele, Fernsehsendungen, Filme, Zeitschriften, Bücher oder Gespräche. Ich werde mich darin üben, zum gegenwärtigen Augenblick zurückzukommen, um mit den erfrischenden, heilenden und nährenden Elementen in mir und um mich herum in Berührung zu sein. So lasse ich mich weder von Bedauern und Kummer in die Vergangenheit ziehen noch von Sorgen, Angst oder Begierden aus dem gegenwärtigen Augenblick bringen. Ich bin entschlossen, nicht zu versuchen, Einsamkeit, Angst oder anderes Leiden zu überdecken, indem ich mich im Konsum verliere. Ich werde das „Intersein" tief betrachten und auf eine Weise konsumieren, die Frieden, Freude und Wohlergehen sowohl in meinem Körper und Bewusstsein als auch im kollektiven Körper und Bewusstsein meiner Familie, meiner Gesellschaft und unserer Erde bewahrt.

Selektives Gießen

Durch die Praxis des selektiven Wässerns oder Gießens werden die positiven Samen in uns wachsen, und dies gibt unserem Geist Stärke und Lebendigkeit. Wir lassen die negativen Samen in Ruhe und geben Raum für Nährendes. Wenn wir dann eine schwierige Situation anschauen müssen, werden wir imstande sein, es entspannter, klarer und geschickter zu tun.

Der Mensch, den Sie lieben, hat alle möglichen Arten von Samen in sich: Freude, Leiden und Wut oder Ärger. Wenn Sie seine Wut wässern, dann wird sie sich innerhalb kürzester Zeit zeigen. Wissen Sie, wie Sie die Samen seines Mitgefühls, seiner Freude und seines Verstehens gießen können, werden diese Samen aufgehen und erblühen. Erkennen Sie die guten Samen in der geliebten Person, so wässern Sie ihr Selbstvertrauen, und sie wird zur Quelle ihres eigenen Glücks wie auch Ihres.

Die Praxis des selektiven Wässerns oder Gießens besteht aus vier Teilen. Als Erstes lassen wir die negativen Samen in unserem Speicherbewusstsein ruhen und geben ihnen nicht die Chance, sich zu manifestieren; denn manifestieren sie sich zu oft, wird sie das stärken. Wenn sich dann als Zweites ein negativer Samen manifestiert, sorgen wir dafür, dass er so schnell wie möglich wieder in den Schlafzustand zurückkehrt. Wir können ihn durch ein anderes geistiges Gebilde ersetzen – das ist die dritte Praxis des Rechten Bemühens. Die vierte Praxis besteht darin, dass wir ein sich manifestierendes geistiges Gebilde so lange wie möglich zu bewahren versuchen.

Es ist so, als würde eine gute Freundin uns besuchen kommen. Alle im Haus freuen sich, und wir versuchen, sie zu überreden, noch ein paar Tage länger zu bleiben.

Wir können der anderen Person dabei helfen, es uns nachzutun und ihre geistigen Gebilde zu verändern. Manifestieren sich Wut oder Angst in ihr, können wir einen guten Samen in ihr wässern, der sich dann manifestieren und das andere geistige Gebilde ersetzen kann. Mit Übung und der Hilfe der Gemeinschaft können wir dazu beitragen, dass diese Samen sich öfter manifestieren. Wir können so leben, dass die guten Samen mehrmals am Tag berührt und gegossen werden. Die guten Samen, die sich bisher nie manifestieren konnten, haben nun die Chance, das zu tun.

Um nicht die negativen Samen in uns und im anderen zu gießen, können wir einander versprechen: „Liebling, ich weiß, dass in dir ein Samen der Wut ist. Ich weiß, dass du jedes Mal leidest und mir Leid bereitest, wenn ich diesen Samen wässere. Ich gelobe also, den Samen der Wut nicht mehr in dir zu gießen. Ich gelobe ebenso, auch den Samen der Wut in mir nicht mehr zu gießen. Kannst du dich auch dazu verpflichten? Lass uns in unserem alltäglichen Leben nichts lesen, anschauen oder konsumieren, was die Samen der Wut und Gewalt in uns wässert. Du weißt, dass der Samen der Wut in mir ziemlich groß ist. Jedes Mal, wenn du etwas tust oder sagst, das ihn wässert, leide ich und ich lasse auch dich leiden. Lass uns also diese Samen in uns nicht mehr gießen."

Metta-Meditation

Lieben bedeutet zuallererst, sich so zu akzeptieren, wie man tatsächlich ist. Darum besteht die erste Übung in der Liebenden-Güte-Meditation darin, sich selbst kennenzulernen. Dadurch sehen wir die Bedingungen, die uns zu dem gemacht haben, wer wir sind. Und so können wir uns leichter annehmen in unserem Leiden wie auch in unserem Glück.

Wir beginnen diese Meditation mit einer Aspiration. „Möge ich ..." Dann verlassen wir diese Ebene der Aspiration und betrachten in tiefer Weise alle positiven und negativen Eigenschaften unseres Meditationsobjekts, in diesem Fall uns selbst. Der Wille und die Bereitschaft, zu lieben, sind noch keine Liebe. Wir schauen ganz tief, mit ganzem Herzen, um zu verstehen. Wir wollen andere nicht nachahmen oder uns um irgendein Ideal bemühen. Diese Meditation ist keine Autosuggestion. Wir sagen nicht einfach nur: „Ich liebe mich selbst. Ich liebe alle Wesen." Wir betrachten in tiefer Weise unseren Körper, unsere Gefühle, unsere Wahrnehmungen, unsere Geisteszustände und unser Bewusstsein, und in nur wenigen Wochen wird unsere Aspiration zu einem tiefen Vorsatz geworden sein. Liebe wird unsere Gedanken, Worte und Handlungen prägen, und wir werden bemerken, dass wir friedvoll, glücklich und leicht in Körper und Geist geworden sind, sicher und frei von Verletzungen, frei von Wut, Kummer, Angst und Sorgen.

In unserer Übung nehmen wir wahr, über wie viel Frieden, Glück und Leichtigkeit wir bereits verfügen. Wir erkennen, ob wir uns vor Missgeschicken und Unglücksfällen fürchten, und sehen, wie viel Wut, Kummer, Angst und Sorgen in uns sind. Werden wir dieser Gefühle in uns gewahr, werden wir uns besser und tiefer verstehen. Wir werden erkennen, wie unsere Ängste, unser Mangel an Frieden zu unserem

Unglück beiträgt, und wir werden den Wert der Eigenliebe und eines mitfühlenden Herzens besser ermessen können.

In dieser Liebenden-Güte-Meditation beziehen sich „Wut, Kummer, Angst und Sorgen" auf all unsere unheilsamen, negativen Geisteszustände, die uns unseres Friedens und unseres Glücks berauben. Wut, Angst, Unruhe, Gier, Neid und Ignoranz sind die großen Bedrängnisse unserer Zeit. Durch eine achtsame Lebensführung werden wir imstande sein, mit ihnen anders umzugehen, und unsere Liebe wird sich in wirkungsvollem Handeln ausdrücken.

Setzen Sie sich für diese Meditation still hin, beruhigen Sie Körper und Atmung und rezitieren Sie diese Verse. Die Sitzhaltung ist eine wundervolle Haltung, um diese Meditation zu praktizieren. Im stillen Sitzen sind Sie nicht mit anderen Dingen beschäftigt, sodass Sie sich so, wie Sie sind, anschauen können, Liebe für sich selbst kultivieren und die besten Möglichkeiten herausfinden können, diese Liebe in der Welt zum Ausdruck zu bringen.

Möge ich friedvoll, glücklich und leicht in Körper und Geist sein.
Möge ich sicher und frei von Verletzung sein.
Möge ich frei von Wut, Kummer, Angst und Sorgen sein.

*Möge ich lernen, mich selbst mit den Augen des Verstehens
und der Liebe zu betrachten.*
*Möge ich imstande sein, die Samen der Freude und des
Glücks in mir zu erkennen und zu berühren.*
*Möge ich lernen, die Ursachen von Wut, Begierde und
Täuschung in mir zu identifizieren und zu erkennen.*

*Möge ich wissen, wie ich die Samen der Freude täglich in
mir nähren kann.*
Möge ich imstande sein, frisch, gefestigt und frei zu leben.
*Möge ich frei von Anhaftung und Ablehnung sein, doch
nicht gleichgültig.*

Beginnen Sie bei der Liebenden-Güte-Meditation zunächst mit sich selbst („Ich"). Solange Sie sich nicht
selbst lieben, sich selbst nicht fürsorglich begegnen,
werden Sie anderen keine große Hilfe sein können.
Beziehen Sie dann andere in Ihre Übung ein („Möge
er/sie, mögen sie friedvoll, glücklich und leicht in
Körper und Geist sein.") – als Erstes jemanden, den
oder die Sie mögen, dann jemanden, dem Sie neutral
gegenüberstehen, und schließlich jemanden, an den
bloß zu denken für Sie schon leidvoll ist.

Die Fünf Erkenntnisse

Diese Verse können jederzeit als eine Übung zum Schutz unserer Beziehungen verwendet werden. Viele Menschen haben sie bei Hochzeiten oder anderen partnerschaftlichen Zeremonien verwendet, und manche Paare rezitieren Sie gern wöchentlich zusammen. Haben Sie eine Glocke, können Sie sie nach der Rezitation jedes Verses einladen zu klingen. Atmen Sie einige Zeit in Stille ein und aus und gehen Sie dann zum nächsten Vers weiter.

1. Wir sind uns bewusst, dass alle Generationen unserer Ahnen und alle zukünftigen Generationen in uns gegenwärtig sind.

2. Wir sind uns der Erwartungen bewusst, die unsere Ahnen, unsere Kinder und deren Kinder an uns haben.

3. Wir sind uns bewusst, dass unsere Freude, unser Frieden, unsere Freiheit und Harmonie die Freude, der Frieden, die Freiheit und Harmonie unserer Ahnen, unserer Kinder und deren Kinder sind.

4. Wir sind uns bewusst, dass Verstehen die Grundlage der Liebe ist.

5. Wir sind uns bewusst, dass Beschuldigen und Streiten niemals hilfreich sind und nur eine tiefere

Kluft zwischen uns schaffen; dass nur Verstehen, Vertrauen und Liebe uns bei unserer Veränderung und unserem Wachsen helfen können.

Neubeginn

In Plum Village praktizieren wir den Neubeginn jede Woche. Wir sitzen im Kreis, und in der Mitte steht eine Vase mit frischen Blumen. Wir folgen unserem Atem, während wir darauf warten, dass der oder die Anleitende beginnt. Die Zeremonie besteht aus drei Teilen: Das Gießen der Blumen, wir bringen unser Bedauern zum Ausdruck und drücken Verletzungen und Schwierigkeiten aus. Durch diese Praxis können wir verhindern, dass sich verletzte Gefühle über Wochen hinweg anstauen, und sie ist hilfreich, die Gemeinschaft zu einem sicheren Ort zu machen.

Wir beginnen mit dem Gießen der Blumen. Ist jemand aus der Runde bereit zu sprechen, legt er die Handflächen zusammen, und die anderen tun es ihm nach, um zu zeigen, dass er das Recht hat, jetzt zu sprechen. Er steht dann auf, geht langsam zu den Blumen, nimmt die Vase in die Hand und kehrt zu seinem Sitz zurück. In seinen folgenden Worten spiegelt sich die Frische und Schönheit der Blumen in seiner Hand. Der Sprecher wertschätzt zunächst die heilsamen, wundervollen Qualitäten der anderen. Das ist nicht geflunkert, denn wir sagen immer die Wahrheit. Jeder hat seine starken Seiten, die im Gewahrsein sichtbar werden. Niemand unterbricht den Sprecher; er hat so viel Zeit, wie er braucht, während die anderen tiefes Zuhören praktizieren. Am Ende seiner Worte steht er auf und bringt die Vase wieder in die Mitte des Kreises zurück.

Im zweiten Teil der Übung drücken wir unser Bedauern aus über alles, was wir getan haben, das andere verletzt hat. Es braucht manchmal nicht mehr als einen gedankenlosen Satz, um jemanden zu verletzten. Den Neubeginn zu üben ist eine gute Gelegenheit, sich einigen Kummer aus der letzten Woche wieder ins Gedächtnis zu rufen und ihn aufzulösen.

Im dritten Teil der Zeremonie sprechen wir von den Verletzungen, die andere uns zugefügt haben. Dabei ist das liebevolle Sprechen ganz wesentlich. Wir wollen die Gemeinschaft heilen, ihr kein Leid zufügen. Wir sprechen ganz frei, aber nicht destruktiv. Ein weiteres wichtiges Element der Übung ist das tiefe Zuhören. Unser Sprechen wird sehr viel schöner und konstruktiver, wenn wir in einem Kreis von Freundinnen und Freunden sitzen, die alle tiefes Zuhören praktizieren. Wir klagen niemals an, beschuldigen oder streiten.

Beim letzten Teil der Zeremonie ist das mitfühlende Zuhören wesentlich. Wir lauschen mit der Bereitschaft, das Leiden der anderen Person zu lindern, sie nicht zu verurteilen oder mit ihr zu streiten. Wir lauschen mit all unserer Aufmerksamkeit. Selbst wenn wir etwas Unwahres hören, hören wir ganz tief zu, damit die andere ihr Leiden ausdrücken kann und sich so ihre inneren Spannungen lösen können. Wenn wir ihr antworten oder sie verbessern, wird die Übung keine Früchte tragen können. Wir hören nur zu. Einige Tage später können wir ihr, falls nötig, ruhig und in privatem Rahmen sagen, dass ihre Wahrnehmung nicht richtig war. Bei der nächsten Neubeginn-Zeremonie wird sie dann vielleicht ihren Irrtum richtigstellen und wir brauchen gar nichts mehr zu sagen.

Wir beenden die Zeremonie mit einem gemeinsamen Lied oder wir halten uns an den Händen und atmen für eine Minute zusammen.

Umarmungsmeditation

Die Umarmungsmeditation ist eine von mir entwickelte Übung. 1966 brachte mich eine Dichterin zum Flughafen in Atlanta und fragte dann: „Ist es in Ordnung, einen buddhistischen Mönch zu umarmen?" In meinem Heimatland drücken wir uns im Allgemeinen nicht in dieser Weise aus, aber ich dachte: „Ich bin ein

Zenlehrer. Es sollte für mich kein Problem sein, das zu tun." So sagte ich: „Warum nicht?", und sie umarmte mich. Doch ich war ziemlich steif. Im Flugzeug erkannte ich, dass ich mich mit der westlichen Kultur vertraut machen müsste, wollte ich mit westlichen Freundinnen und Freunden arbeiten, und so erfand ich die Umarmungsmeditation.

Die Umarmungsmeditation ist eine Kombination aus Ost und West. Bei dieser Übung müssen Sie die Person, die Sie umarmen, wirklich umarmen. Dieser Mensch muss in Ihren Armen wirklich werden, und Sie sollten nicht, ihm den Rücken tätschelnd, lediglich vorgeben, da zu sein, sondern bewusst atmen und ihn mit dem ganzen Körper, Geist und Herzen umarmen. Die Umarmungsmeditation ist eine Achtsamkeitspraxis. „Ich atme ein und weiß, dass meine Liebste in meinen Armen ist. Ich atme aus und sie ist so kostbar für mich." Atmen Sie in dieser Weise tief ein und aus, den Menschen, den Sie lieben, haltend, wird die Energie Ihrer Fürsorge, Liebe und Achtsamkeit ihn durchdringen und ihn nähren und er wird erblühen wie eine Blume.

Friedensvertrag und Friedensmitteilung

Der Friedensvertrag ist nicht nur ein Stück Papier, vielmehr ist er eine Praxis, die uns hilft, lange glücklich zusammenzuleben. Der Vertrag besteht aus zwei Teilen – einer ist für die Person, die wütend oder ärgerlich ist, der andere ist für die, die den Ärger verursacht hat.

Der Friedensvertrag

Wir, die Unterzeichnenden, geloben, das Folgende zu beachten und zu praktizieren, weil wir lange und glücklich miteinander leben und unsere Liebe und unser Verstehen vertiefen wollen:

Als der- oder diejenige, der/die verärgert ist, stimme ich zu:

1. Alles zu unterlassen – Worte, Taten –, die weiteren Schaden verursachen oder den Ärger, die Wut weiter eskalieren könnten.

2. Meinen Ärger, meine Wut nicht zu unterdrücken.

3. Achtsames Atmen zu praktizieren und zur Insel meiner selbst Zuflucht zu nehmen.

4. Der anderen Person, die meinen Ärger, meine Wut ausgelöst hat, auf ruhige Weise innerhalb von vierundzwanzig Stunden meinen Ärger und mein Leiden mündlich oder schriftlich mitzuteilen.

5. Mündlich oder schriftlich um ein Gespräch in ein paar Tagen (zum Beispiel am nächsten Freitagabend) zu bitten, um das Vorgefallene eingehender zu besprechen.

6. Nicht zu sagen: „Ich bin gar nicht ärgerlich oder wütend. Ich leide nicht. Es ist alles in Ordnung."

7. Achtsames Atmen zu praktizieren und mein alltägliches Leben genau zu betrachten – während des Sitzens, Liegens, Stehens und Gehens –, um zu erkennen:

    a) Wie ich selbst gelegentlich ungeschickt gewesen bin.

    b) Wie ich den anderen durch meine Gewohnheitsenergien verletzt habe.

    c) Wie der starke Samen von Wut und Ärger in mir die primäre Ursache meines Ärgers, meiner Wut ist.

    d) Wie das Leiden des anderen, das die Samen meines Ärgers, meiner Wut gegossen hat, die sekundäre Ursache ist.

    e) Wie die andere Person lediglich nach Linderung ihres Leidens sucht.

    f) Dass ich nicht glücklich sein kann, solange der andere leidet.

8. Mich sofort zu entschuldigen, ohne bis zum nächsten Freitagabend zu warten, sobald ich meinen Mangel an Geschick und Achtsamkeit erkannt habe.

9. Das vereinbarte Gespräch am Freitag zu verschieben, wenn ich mich für ein Treffen mit der anderen Person nicht ruhig genug fühle.

Als die- oder derjenige, die / der den Ärger, die Wut in der anderen Person ausgelöst hat, stimme ich zu:

1. Die Gefühle der anderen zu achten, sie nicht zu verspotten und ihr genügend Zeit einzuräumen, sich zu beruhigen.

2. Nicht auf ein sofortiges Gespräch zu drängen.

3. Der anderen Person ihre Anfrage um ein Treffen mündlich oder schriftlich zu bestätigen und ihr zu versichern, da zu sein.

4. Achtsames Atmen zu praktizieren und zur Insel meiner selbst Zuflucht zu nehmen und zu erkennen:

   a) Dass ich Samen der Unfreundlichkeit und des Ärgers, der Wut in mir habe ebenso wie die Gewohnheitsenergie, andere unglücklich zu machen.

   b) Dass ich fälschlicherweise geglaubt habe, indem ich der anderen Person Leid zufüge, werde dies mein eigenes Leiden lindern.

c) Dass ich mir selbst Leid zufüge, indem ich der anderen Person Leiden bereite.

5. Mich sofort zu entschuldigen, sobald ich meinen Mangel an Geschick und Achtsamkeit erkannt habe, ohne auch nur irgendeinen Versuch der Rechtfertigung zu machen oder bis zum nächsten Freitagabend zu warten.

Wir geloben, mit Buddha als unserem Zeugen und in der achtsamen Gegenwart der Sangha, uns an diese Punkte zu halten und sie mit ganzem Herzen zu praktizieren. Wir rufen die Drei Juwelen an, uns zu beschützen und uns Klarheit und Vertrauen zu gewähren.

Unterzeichnende:
Datum:

Wollen wir, unser Partner, unsere Partnerin und unsere Familie nicht leiden, uns nicht in wechselseitigen Beschuldigungen und Kämpfen verfangen, können wir diesen Friedensvertrag unterzeichnen. Dem vierten Punkt zufolge haben wir bis zu vierundzwanzig Stunden, um uns zu beruhigen. Dann sollten wir der anderen Person sagen, dass wir wütend oder ärgerlich sind. Wir haben nicht das Recht, unsere Wut länger für uns zu behalten. In dem Falle, dass wir es tun, wird sie giftig und vermag uns und den geliebten Menschen zu zerstören. Sind wir vertraut mit der Praxis, sind wir vielleicht schon in fünf oder zehn Minuten bereit, uns zu äußern, doch das Maximum sind vierundzwanzig Stunden. Wir können sagen: „Mein lieber Freund, meine liebe Freundin; was du heute Morgen gesagt hast, hat mich sehr geärgert. Ich leide sehr und ich möchte, dass du das weißt."

Dem fünften Punkt folgend enden wir mit dem Satz: „Ich hoffe, dass wir beide Freitagabend die Gelegenheit haben werden, diese Angelegenheit tief anzuschauen." Dann treffen wir eine Verabredung. Freitagabend ist eine gute Zeit, alle größeren oder kleineren Bomben zu entschärfen, sodass wir dann das ganze Wochenende für unser Vergnügen zur Verfügung haben.

Fühlen wir uns, wenn die Vierundzwanzigstundenfrist abläuft, noch nicht sicher, mit unserem Partner, unserer Partnerin zu sprechen, oder imstande, dies in ruhiger Weise zu tun, können wir diese Friedensmitteilung verwenden.

Friedensmitteilung

Datum:

Zeit:

Liebe/r

Heute Morgen (Nachmittag, Abend) hast du etwas gesagt (getan), das mich sehr ärgerlich (wütend) gemacht hat. Ich habe sehr gelitten. Ich möchte, dass du das weißt. Du hast gesagt (getan):

Bitte lass uns beide genauer anschauen, was du gesagt (getan) hast, und die Angelegenheit in ruhiger, offener Weise am nächsten Freitagabend näher untersuchen. Dein/e gerade nicht sehr glückliche/r

ANMERKUNG ZUR ÜBERSETZUNG

Das Sutra über das Netz sinnlicher Liebe wurde von Thich Nhat Hanh aus dem Chinesischen ins Vietnamesische übersetzt. Grundlage ist das Dharmapada des Chinesischen Kanon. Schwester Chan Dinh Nghiem, Schwester Chan Hien Nghiem, Schwester Annabel Laity und Bruder Chan Phap Luu haben das Sutra ins Englische übersetzt. Vielen Dank an Bruder Chan Phap Luu, Annabel Laity, Schwester Chan Dinh Nghiem und Schwester Chan Khong für die Übersetzung der Vorträge in diesem Buch.

Das in diesem Buch verwandte Sutra über das Netz sinnlicher Liebe ist ein Auszug aus dem chinesischen Dharmapada. Das chinesische Dharmapada ist Sutra Nr. 10 im Taisho Tripitaka. Es umfasst 39 Kapitel mit 753 Versen. Verglichen werden kann es mit dem Kapitel über Sinnliche Liebe im chinesischen Udanavarga (Sutra Nr. 213 im überarbeiteten Tripitaka) und mit dem Dhammapada im Pali-Kanon, das 26 Kapitel mit 403 Versen enthält. Das chinesische Dharmapada wurde im 3. Jahrhundert u. Z. übersetzt, siebenhundert Jahre vor der Übersetzung des Udanavarga im 10. Jahrhundert.

Achtsam leben jeden Tag

128 Seiten I Kartoniert
ISBN 978-3-451-03347-6

»Das wahre Leben findet sich nur im gegenwärtigen Augenblick«, weiß Thich Nhat Hanh. Ob es darum geht, den Weg der
Achtsamkeit zu betreten, die Magie der Liebe zu erfahren oder
zum wahren Selbst zu finden – die goldenen Regeln versam-
meln die schönsten Worte des Zen-Meisters Thich Nhat Hanh.

In jeder Buchhandlung!

HERDER

www.herder.de